北京大學《儒藏》編纂與研究中心　編

《儒藏》精華編選刊

# 白虎通德論

〔東漢〕班固　撰
胡春麗　校點

北京大学出版社
PEKING UNIVERSITY PRESS

**圖書在版編目(CIP)數據**

白虎通德論 /（東漢）班固撰；北京大學《儒藏》編纂與研究中心編. —北京：北京大學出版社，2023.9
（《儒藏》精華編選刊）
ISBN 978-7-301-33913-8

Ⅰ. ①白… Ⅱ. ①班…②北… Ⅲ. ①《白虎通義》 Ⅳ. ①B234.991

中國國家版本館CIP數據核字（2023）第062158號

| | |
|---|---|
| **書　　名** | 白虎通德論<br>BAIHU TONGDELUN |
| **著作責任者** | 〔東漢〕班固 撰<br>胡春麗 校點<br>北京大學《儒藏》編纂與研究中心 編 |
| **策劃統籌** | 馬辛民 |
| **責任編輯** | 吴冰妮 |
| **標準書號** | ISBN 978-7-301-33913-8 |
| **出版發行** | 北京大學出版社 |
| **地　　址** | 北京市海淀區成府路205號　100871 |
| **網　　址** | http://www.pup.cn　新浪微博：@ 北京大學出版社 |
| **電子郵箱** | 編輯部 dj@pup.cn　總編室 zpup@pup.cn |
| **電　　話** | 郵購部 010-62752015　發行部 010-62750672<br>編輯部 010-62756449 |
| **印 刷 者** | 三河市北燕印裝有限公司 |
| **經 銷 者** | 新華書店<br>650毫米×980毫米　16開本　9印張　87千字<br>2023年9月第1版　2024年5月第2次印刷 |
| **定　　價** | 36.00元 |

# 目録

謹按：❶《後漢・章帝紀》曰：「建初四年



❶ 本部分文字原爲《白虎通德論》目録之「叙録」，本書將原目録删去，據正文抽取目録，「叙録」則附於此。

十一月壬戌，詔諸儒會白虎觀，講議五經同異，使五官中郎將魏應承制問，侍中淳于恭奏，帝親稱制臨決，如孝宣甘露石渠故事，作《白虎奏議》。」注云：「今《白虎通》。」又按：《班固傳》曰：「天子會諸儒，講論五經，作《白虎通德論》，令固撰集其事。」此書所作之因也。書肆舊嘗鋟木，歲久摩滅，竟亡此集，學者欲見而不可得。邇者朝廷崇尚實學，敬以家藏監本刊行，與衆共之。

或謂是書中間多有魚魯之嫌，如首篇援《尚書》言「迎子劉」一事，即《尚書・顧命》考之，「迎」本作「逆」，劉本作「釗」。其當時傳寫之誤耶？借曰初得舊本如斯，今既重刊，改而正諸，不亦宜乎？殊不思《大學》以《尚書・堯典》「俊德」作「峻德」，《孟子》以《毛詩・烝民》「秉彝」作「秉夷」，誰不知其然？千古至今讀誦，豈無宗工鉅儒者出，蔑有一人敢爲改正。由是觀之，《白虎通》亦猶是也。間有不安，盡從其舊。蓋纂之者班固，漢時人，去古未遠，必有所祖，假借通用，未可盡知。後人未得班固之心，安可輕議班固之述作？儻能知《禮記・緇衣》以「君牙」爲「君雅」、「説命」爲「兑命」之意，則能釋魚魯之疑矣。昔人有云：「讀書未到康成處，安敢高談議漢儒。」觀書者試思之。

# 校點説明

《白虎通德論》，又名《白虎通義》、《白虎議奏》，省稱《白虎通》。今本十卷，題爲東漢班固撰。

班固（三二—九二），字孟堅，扶風安陵（今陝西咸陽）人。班彪子。班固少善屬文，長博群書，在父親《史記後傳》的基礎上創作《漢書》，被誣私修國史，入獄，賴其弟班超奔走申辯，幸免於難。明帝召爲蘭臺令史，旋升郎官，校訂宫廷藏書。章帝時，班固由郎官升爲玄武司馬，入宫侍讀。章帝出巡，班固常隨侍左右，獻賦作頌。和帝永元元年（八九），班固從大將軍竇憲攻匈奴，爲中護軍，後竇憲敗，班固受牽連，死於獄中。班固所著詩文，後人輯爲《班蘭臺集》。

自西漢武帝「罷黜百家，表章六經」以來，經學成爲國家意識形態的重要内容。兩漢時期的經學，有今文經學、古文經學之分，雜糅了陰陽災異學説的今文經學被西漢統治者確立爲官學後，頓成顯學。西漢末年，讖緯學説開始泛濫，漸有取代今文經學之勢。新莽時期，古文經學一度立爲官學，但旋立旋廢。東漢初，今文經學仍處於官學地位，但一方面受到讖緯學説的衝擊，另一方面又面臨古文經學的挑戰，導致思想意識形態領域出現了混亂局面。爲統一思想計，漢章帝建初四年（七九），校書郎楊終建議，仿西漢宣帝時石渠閣議經的「故事」，於洛陽白虎觀召集諸儒，講議五經同異，史稱白虎觀會議。會議的宗旨是協調今古文經學之争，統一經義，取得「永爲後世則」的效果。與會者數十人，包括今古文經學兩派的知名學者，章帝「親稱制臨決」。會議的記録，由班固整理成書，仿《石渠奏議》名，題作《白虎議奏》。

後世關於白虎觀會議記録的文獻結集，有四個不同的書名：《白虎通義》、《白虎議奏》、《白虎通德論》、《白虎通》。《隋書·經籍志》著録《白虎通》六卷，未著撰人；《舊唐書·經籍志》著録《白虎通》六卷，漢章帝撰；《新唐書·藝文志》著録《白虎通義》六卷，班固撰；《崇文總目》載《白虎通德論》十卷，後漢班固撰，凡十四篇。《通志》著録《白虎通》六卷，班固等撰。晁公武《郡齋讀書志》著録《白虎通德論》十卷，班固奉詔纂。陳振孫《直齋書録解題》著録《白虎通》十卷，漢尚書郎班固撰，凡四十四門。王應麟《玉海》云：「今本自爵、號至嫁娶凡四十三篇。」《宋史·藝文志》著録《白虎通》十卷，班固撰。《文獻通考》著録《白虎通德論》十卷。四部書是一書異名，還是四種不同的書，歷代學者有不同的看法：李賢注《後漢書·章帝紀》認爲《白虎議奏》即《白虎通》。《崇文總目》認爲《白虎通德論》即《白虎通》。《四庫全書總目》認爲《白虎議奏》和《白虎通德論》是同一部書。清代學者莊述祖認爲《白虎通》是白虎觀會議的議奏匯編的全文,《白虎通義》是議奏全文的略本。孫詒讓認爲白虎觀會議既有專論一經之書,又有雜論五經之書,兩者合起來是《白虎議奏》,而《白虎通義》只是其中雜論五經之書的一部分。劉師培《白虎通義源流考》在周廣業相關考證的基礎上,認爲白虎觀會議文獻結集有兩種,其一爲《白虎議奏》,是會議記録全文,後賜蔡邕而亡佚。其二爲《白虎通義》,是章帝稱制臨決之後,採擇議奏的結果而成。而《白虎通》是《白虎通義》的省稱,《白虎通德論》實無其書。鍾肇鵬認爲《白虎通德論》是《白虎功德論》的誤寫。此外,還有學者認爲《白虎通義》是僞書。衆説紛紜,學界至今無有定論。

《白虎通》在總結兩漢經學成果的基礎上,以三綱五常爲核心構建了一整套神學目的論和政治倫理思想體系。它運用古文經學家所重視的「名物訓詁」方法,解釋自然、社會、倫常、政治和日常生活等種種現象,並引經典加以論證,體現了漢代「以經術緣飾吏事」的學風,成爲當時權威性的國家法典。

今存最早的《白虎通》刻本,一爲元大德九年(一三〇五)無錫州學刻本《白虎通德論》,

一爲元刻小字本《白虎通》。無錫州學本乃據州守劉世常家藏舊本刊刻而成，共十卷，分爲爵、號、謚、五祀、社稷、禮樂、封公侯、京師、五行、三軍、誅伐、諫諍、鄉射、致仕、辟雍、災變、耕桑、封禪、巡狩、考黜、王者不臣、蓍龜、聖人、八風、商賈、文質、三正、三教、三綱六紀、情性、壽命、宗族、姓名、天地、日月、四時、衣裳、五刑、五經、嫁娶、紼冕、喪服、崩薨四十三篇。元刻小字本分上下兩卷，亦四十三篇，篇次與無錫州學本稍有不同，崩薨、喪服、紼冕三篇在「謚」後、「五祀」前；「考黜」以上爲卷上，「王者不臣」以下爲卷下。明代有嘉靖元年（一五二二）傅鑰刻本、嘉靖二十一年葛璿刻本、萬曆十年（一五八二）胡維新刻《兩京遺編》本、萬曆二十二年蔣傑刻本等，清代有《武英殿聚珍版叢書》本、《四庫全書》本等。各本内容無大差異，而書名、卷數有所不同。清乾隆間盧文弨等依據傳世諸本及類書、經史文獻等，對《白虎通》進行了系統訂正，收入《抱經堂叢書》。

此次整理，以《四部叢刊》影印元大德本《白虎通德論》爲底本，以《中華再造善本》影印元刻小字本《白虎通》（簡稱小字本）爲校本，旨在反映古本面貌。《白虎通》長期流傳過程中相沿訛誤頗多，盧氏抱經堂本校勘多有創獲，爲讀者閱讀理解本書提供了極大幫助。但所據他書增删改易之處極多，與元、明《白虎通》諸本文字面貌差異較大，故此次將其作爲參校本(簡稱盧本)。在不影響文意理解的情況下,儘量保持古本原貌,僅出校記供讀者參考。底本明顯訛誤、難以卒讀之處,謹慎改字,並出校説明依據。整理中還參考了清陳立《白虎通疏證》等,於校記中分别説明。

校點者　胡春麗

# 序❶

漢、唐書籍，以通名者五，惟《白虎通》與《風俗通》行于世。乃諸儒之所討論，實爲鉅典，而所至缺此板。余嘗持節七閩，如建安書市，號爲群籍所萃，訪求無有也。今錫學得劉守平父家藏《白虎通》善本，繡梓以廣其傳，是亦明經之一助，豈小補哉！

大德乙巳四月望日，中奉大夫雲南諸路行中書省參知政事東平嚴度恪齋題。

❶ 此題原無，乃校點者所擬。

# 白虎通序

《白虎通》之爲書，其來尚矣。群書中多見其引用，然不知出於何代誰氏之手。考之載籍，始於漢建初中淳于恭作《白虎奏議》，又《班固傳》作《白虎通德論》，唐《藝文志》亦載班固等《白虎通義》六卷。此其所自歟？平生欲見其完書，未之得也。余分水監歷常之無錫，有郡之耆儒李顯翁晦識余於官舍，翌日携是帙來，且云州守劉公家藏舊本。公名世常，字平父，迺大元開國之初行省公之子魯齋許左轄之高弟，收書不啻萬卷。其經史子集，士夫之家亦或互有，惟此帙世所罕見。郡之博士與二三子請歸之于學，將鏤板以廣其傳。守慨然許之。今募匠矣，求余識於卷首。余謂是書韜晦於世，何止數百歲而已，一旦顯於是邦，殆亦有數而然耶！以郡守之博古廣文，暨諸生之好事，俱可嘉尚，於是乎書。

大德九年四月旦日，東平克齋張楷序。

# 白虎通德論卷第一

臣班固纂集

## 爵

天子者，爵稱也。爵所以稱天子者何？王者父天母地，爲天之子也。故《援神契》曰：「天覆地載，謂之天子，上法斗極。」《鈎命決》曰：「天子，爵稱也。」帝王之德有優劣，所以俱稱天子者何？以其俱命於天，而王治五千里内也。《尚書》曰：「天子作民父母，以爲天下王。」何以知帝亦稱天子也？以法天下也。《中候》曰：「天子臣放勛。」《書·逸篇》曰：「厥兆天子爵。」何以言皇亦稱天子也？以其言天覆地載，俱王天下也。故《易》曰：「伏羲氏之王天下也。」

爵有五等，以法五行也。或三等者，法三光也。或法三光，或法五行何？質家者據天，故法三光；文家者據地，故法五行。《含文嘉》曰：「殷爵三等，周爵五等。」各有宜也。《王制》曰：「王者之制禄爵，凡五等。」謂公、侯、伯、子、男。此周制也。所以名之爲公、侯者何？公者，通公正無私之意也。❶侯者，候也。

❶「通」下，小字本、盧本有「也」字。

侯逆順也。《春秋傳》曰：「王者之後稱公，其餘人皆千乘，象雷震百里所潤同。大國稱侯，小國稱伯、子、男也。」《王制》曰：「公、侯田方百里，伯七十里，子、男五十里。」伯者，百也。子者，孳也。孳孳無已也。男者，任也。人皆五十里，差次功德。小者不滿爲附庸。附庸者，附大國以名通也。百里兩爵，公、侯共之。七十里一爵，五十里復兩爵何？公者，加尊二王之後。侯者，百里之正爵。士上可有次，下可有第，中央故無二。五十里有兩爵者，所以加勉進人也。小國下爵，猶有尊卑，亦以勸人也。殷爵三等，謂公、侯、伯也。所以合子、男從伯者何？王者受命，改文從質，無虛退人之義，故上就伯也。《尚書》曰「侯甸任衛作國伯」，謂殷也。《春秋傳》曰：「合伯、子、男以爲一爵。」或曰：合從子，貴中也。以《春秋》名鄭忽，忽者，鄭伯也。此未踰年之君當稱子，嫌爲改赴，故名之也。地有三等不變，至爵獨變何？地比爵爲質，故不變。爲質故不變，王者有改道之文，無改道之實。家所以令公居百里，❶侯居七十里，何也？封賢極於百里，其政也不可空退人，❷示優賢之義，欲褒尊而上之。何以知殷家侯人不過七十里者也？曰：士上有三等，有百里，有七十里，有五十里。其地半者其數倍，制地之理體也，多少不相配。

公、卿、大夫者，何謂也？內爵稱也。曰公、卿、大夫何？爵者，盡也。各量其職，盡其才也。公之爲言公正無私也。卿之爲言章善明理也。大夫之爲言大扶，進人者也。故《傳》曰：「進賢達能，謂之大夫

❶ 「家」上，盧本有「殷」字。

❷ 「政」，盧本作「改」。

也。」士者，事也，任事之稱也。故《傳》曰：「古今辯然否，謂之士。」《禮》曰「四十强而士」，不言「爵爲士」。至五十，爵爲大夫何？何以知士非爵？何以知卿爲爵也？以大夫知卿亦爵也。何以知公爲爵也？《春秋傳》曰：「諸侯四佾，諸公六佾。」合而言之，以是知公、卿爲爵。內爵所以三等何？亦法三光也。所以不變質文何？內者爲本，故不改內也。諸侯所以無公爵者，下天子也。故《王制》曰：「上大夫，下大夫，上士，中士，下士，凡五等。」此謂諸侯臣也。大夫但有上下何？明卑者多也。爵皆一字也，大夫獨兩字何？《春秋傳》曰：「大夫無遂事。」以爲大夫職在之適四方，受君之法，施之於民，故獨兩字下之。❶或曰：大夫，爵之下者也。稱大夫，明從大夫以上受下施，皆大自着也。天子之士獨稱元士何？士賤，不得體君之尊，故加「元」以別諸侯之士也。《禮經》曰「士見大夫」，諸侯之士。《王制》曰：「王者八十一元士。」

天子爵連言「天子」，諸侯爵不連言「王侯」何？即言王侯，以王者同稱，爲衰弱僭差生簒弑，猶不能爲天子也。故連言「天子」也。或曰：王者天爵，王者不能生諸侯，故不言王侯。諸侯人事自着，故不着也。

王者太子亦稱士何？舉從下升，以爲人無生得貴者，莫不由士起。是以舜時稱爲天子，必先試於士。《禮·士冠》經：「天子之元子，士也。」

婦人無爵何？陰卑無外事，是以有三從之義：未嫁從父，既嫁從夫，夫死從子。故夫尊於朝，妻榮於室，隨夫之行。故《禮·郊特牲》曰：「婦人無爵，坐以夫之齒。」《禮》曰：「生無爵，死無謚。」《春秋》録夫人皆

---

❶「下」，小字本、盧本作「言」。

有謚，夫人何以知非爵也？《論語》曰：「邦君之妻，君稱之曰夫人，國人稱之曰君夫人。」即令是爵，君稱之與國人稱之不當異也。

庶人稱匹夫者，匹，偶也，與其妻爲偶，陰陽相成之義也。一夫一婦成一室。明君人者，不當使男女有過時無匹偶也。《論語》曰：「匹夫匹婦之爲諒也。」

爵人於朝者，示不私人以官，與衆共之義也。封諸侯於廟者，示不自專也，明法度皆祖之制也，舉事必告焉。《王制》曰：「爵人於朝，與衆共之也。」《詩》云：「王命卿士，南仲太祖。」《禮·祭統》曰：「古者明君，爵有德必於太祖，君降立於阼階，南面向，所命北向，史由君右，執策命之。」

大夫功成未封而死，不得追爵賜之者，以其未當股肱也。《春秋穀梁傳》曰：「追賜死者，非禮也。」《王制》曰「葬從死者，祭從生者」，所以追孝繼養也。葬從死者何？子無爵父之義也。《禮·中庸》記曰「父爲大夫，子爲士，葬以大夫，祭以士。子爲大夫，父爲士，祭以大夫，葬以士」也。

父在稱世子何？繫於君也。父没稱子某者何？屈於尸柩也。既葬稱小子者，即尊之漸也。踰年稱公者，緣民之心不可一日無君也；緣終始之義，一年不可有二君也。故踰年即位，所以繫民臣之心。然後爵者，緣孝子之心，未忍安吉。故《春秋》魯僖公三十三年十二月「乙巳，薨于小寢」。文公「元年，春，王正月，公即位」。「四月丁巳，葬我君僖公。」《韓詩内傳》曰：「諸侯世子三年喪畢，上受爵命於天子。」所以名之爲世子何？言欲其世世不絶也。何以知天子子亦稱世子也？《春秋傳》曰：「公會世子于首止。」或曰：天子之子稱太子。《尚書》曰：❶「太子發升于舟也。」或曰：諸侯之稱代子，則《傳》曰：「晉有太子申生，鄭有太子華，齊有太子光。」由是觀之，周制太子代子亦不定也。漢制，天子稱皇帝，其嫡嗣稱皇太子，諸侯王之嫡稱代子。後代咸因之。世子三年喪畢，必上受爵命於天子何？明爵士者，天子之有也，臣無自爵之義。童子當受父爵命，使大夫就其國命之，明王者不與童子爲禮也。以《春秋》魯成公幼少，與諸侯會，公不見之，經不以魯耻。明不與童子爲禮也。世子上受爵命，衣士服何？謙不敢自專也。故《詩》曰「韎韐有赩」，世子始行也。

天子大斂之後稱王者，明士不可一日無君也。故《尚書》曰：「王麻冕黼裳。」此斂之後也。何以知王從死後加王也？❷以《尚書》言「迎子劉」，不言「迎王」。王者既殯而即繼體之位何？緣民臣之心不可一日無君，故先君不可得見，則後君繼體矣。《尚書》曰「再拜興對」，「乃受銅」，明爲繼體君也。緣始終之義，一年不可有二君也。故《尚書》曰：「王釋冕喪服。」吉冕受銅，稱王以接諸侯。明已繼體爲君也。釋冕藏銅反喪，明未稱王以統事也。不曠年無君，故逾年乃即位改元名元年。年以紀事，君名其事矣，而未發號令也。何以言踰年即位？謂改元位。《春秋傳》曰：「以諸侯踰年即位，亦知天子踰年即位也。」《春秋》曰：「元年春，王正月，公即位。」改元位也。王者改元年，即事天地。諸侯改元，即事社稷。《王制》曰：「夫喪三年不

❶「書」下，盧本有「傳」字。

❷ 上「王」字，盧本作「不」。

祭，唯祭天地社稷，爲越紼而行事。」《春秋傳》曰：「天子三年然後稱王者，謂稱王統事發號令也。」《尚書》曰「高宗諒陰三年」，是也。《論語》：「君薨，百官總己聽於冢宰三年。」緣孝子之心，則三年不當也。故三年除喪，乃即位統事，即位踐祚爲主，南面朝臣下，稱王以發號令也。故天子諸侯，凡三年即位，終始之義乃備，所以諒陰三年，卒孝子之道。故《論語》曰：「古之人皆然，君薨，百官總己聽於冢宰三年。」所以聽於冢宰三年者何？以爲冢宰職在制國之用，是以由之也。故《王制》曰：「大冢宰制國用。」所以名之爲冢宰何？冢者，大也；宰者，制也，大制事也。故《王度記》曰：「天子冢宰一人，爵禄如天子之大夫。」或曰「冢宰視卿」，《周官》所云也。

## 號

帝王者何？號也。號者，功之表也。所以表功明德，號令臣下者也。德合天地者稱帝，仁義合者稱王，別優劣也。《禮記·諡法》曰：「德象天地稱帝，仁義所生稱王。」帝者，天號；王者，五行之稱也。皇者，何謂也？亦號也。皇，君也，美也，大也，天之總，美大稱也。時質，故總之也。號之爲皇者，煌煌人莫違也。煩一夫，擾一士，以勞天下，不爲皇也。不擾疋夫疋婦，故爲皇。故黃金弃於山，珠玉捐於淵，巖居穴處，衣皮毛，飲泉液，吮露英，虚無寥廓，與天地通靈也。號言爲帝者何？帝者，諦也。象可承也。王者，往也，天下所歸往。《鉤命決》曰：「三皇步，五帝趨。三王馳，五霸鶩。」

或稱天子，或稱帝王何？以爲接上稱天子，明以爵事天也。接下稱帝王者，得號天下至尊，言稱以號令臣下也。故《尚書》曰：「諮四岳。」曰：「裕汝衆。」或有一人。王者自謂一人者，謙也，欲言己材能當一人耳。故《論語》曰：「百姓有過，在予一人。」臣謂之一人何？亦所以尊王者也。以天下之大，四海之內，所共尊者一人耳。故《尚書》曰：「不施予一人。」或稱朕何？亦王者之謙也。朕，我也。或稱予者，予亦我也，不以尊稱自也，但自、我皆謙。

或稱君子何？道德之稱也。君之爲言群也。子者，丈夫之通稱也。故《孝經》曰「君子之教以孝也」，下言「敬天下之爲人父者也」。何以言知其通稱也？以天子至於民。故《詩》云「凱弟君子，民之父母」。《論語》云：「君子哉若人。」此謂弟子，弟子者，民也。

三皇者，何謂也？謂伏羲、神農、燧人也。或曰：伏羲、神農、祝融也。《禮》曰：「伏羲、神農、祝融，三皇也。」謂之伏羲者何？古之時，未有三綱六紀，民人但知其母，不知其父。能覆前而不能覆後。卧之詓詓，起之吁吁，飢即求食，飽即弃餘，茹毛飲血，而衣皮葦。於是伏羲仰觀象於天，俯察法於地，因夫婦，正五行，始定人道。畫八卦以治下，治下伏而化之，故謂之伏羲也。謂之神農何？古之人民，皆食禽獸肉。至於神農，人民衆多，禽獸不足。於是神農因天之時，分地之利，制耒耜，教民農作。神而化之，使民宜之。故謂之神農也。謂之燧人何？鑽木燧取火，教民熟食，養人利性，避臭去毒，謂之燧人也。謂之祝融何？祝者，屬也。融者，續也。言能屬續三皇之道而行之，故謂祝融也。五帝者，何謂也？《禮》曰：「黄帝、顓頊、帝嚳、帝堯、帝舜，五帝也。」《易》曰：「黄帝、堯、舜氏作。」《書》曰：「帝堯」、「帝舜」。黄帝，中和之色，自然之姓，萬世不易。黄帝始作制度，得其中和，萬世常存。故稱黄帝也。謂之顓頊何？顓者，專也。項者，正也。能專正天人之道，故謂之顓頊也。謂之帝嚳者何也？嚳者，極也。言其能施行，窮極道德也。謂之堯者何？堯猶嶤嶤也，至高之貌。清妙高遠，優遊博衍，衆聖之主，百王之長也。謂之舜者何？舜猶僢僢也。言能推信堯道而行之。三王者，何謂也？夏、殷、周也。故《禮·士冠》經曰「周弁、殷冔、夏收，三王共皮弁」也。所以有夏、殷、周號何？以爲王者受命，必立天下之美號以表功自克，明易姓爲子孫制也。夏、殷、周者，有天下之大號也。百王同天下，無以相別，改制天下之大禮，號以自別於前，所以表著己之功業也。必改號者，所以明天命已著，欲顯揚己於天下也。己復襲先王之號，與繼體守文之君無以異也。不顯不明，非天意也。故受命王者，必擇天下美號，表著己之功業，明當致施是也。所以預自表克於前也。帝王者，居天下之尊號也。所以差優號令臣下謚者，行之跡也。所以別於後代，著善惡，垂無窮，無自推，觀施後世，皆以勸善著戒，惡明不勉也。不以姓爲號何？姓者，一字之稱也，尊卑所同也。諸侯各稱一國之號，而有百姓矣；天子至尊，即備有天下之號，而兼萬國矣。夏者，大也，明當守持大道。殷者，中也，明當爲中和之道也。聞也，見也，謂當道著見中和之爲也。周者，至也，密也，道德周密，無所不至也。何以知即政立號也？《詩》云「命此文王，于周于京」。此改號爲周，易邑爲京也。《春秋傳》曰「王者受命而王，必擇天下之美號以自號」也。五帝無有天下之號何？五帝德大能禪，以民爲子，成于天下，無爲立號也。或曰：唐、虞者號也。唐，蕩蕩也，蕩蕩者，道德至大之貌也。虞者，樂也，言天下有道，人皆樂也。故《論語》曰：「唐、虞之際。」帝嚳有天下，號高辛。顓頊有天下，號曰高陽。黄帝有天下，❶號曰自然者，獨宏大道德也。高陽

❶「下」，原脱，今據小字本、盧本及上下文例補。

者，陽猶明也，道德高明也。高辛者，道德大信也。五霸者，何謂也？昆吾氏、大彭氏、豕韋氏、齊桓公、晉文公也。昔三王之道衰，而五霸存其政，率諸侯朝天子，正天下之化，興復中國，攘除夷狄，故謂之霸也。昔昆吾氏，霸於夏者也。大彭氏、豕韋氏，霸於殷者也。齊桓、晉文，霸於周者也。或曰：五霸，謂齊桓公、晉文公、秦穆公、楚莊王、吴王闔閭也。霸者，伯也，行方伯之職，會諸侯朝天子，不失人臣之義。故聖人與之。非明王之張法。霸猶迫也，把也。迫脅諸侯，把持其政。《論語》曰：「管仲相桓公，霸諸侯。」《春秋》曰「公朝于王所」，於是時晉文之霸。❶《尚書》曰「邦之榮懷，亦尚一人之慶」，知秦穆之霸也。楚勝鄭，而不告從而攻之，❷又令還師，而佚晉寇。圍宋，宋因而與之平，引師而去。知楚莊之霸也。蔡侯無罪而拘於楚，吴有憂中國心，興師伐楚，諸侯莫敢不至。知吴之霸也。或曰：五霸，謂齊桓公、晉文公、秦穆公、宋襄公、楚莊王也。宋襄伐齊亂齊桓公，不擒二毛，不鼓不成列。《春秋傳》曰「雖文王之戰不是過」，知其霸也。

伯、子、男臣子，於其國中，褒其君爲公。王者臣子，獨不得褒其君謂之爲帝何？以爲諸侯有會聚之事，相朝聘之道，或稱公而尊，或稱伯、子、男而卑，爲交接之時，不私其臣子之義，心俱欲尊其君父，故皆令臣子得稱其君爲公也。帝王異時，無會同之義，故無爲同也。何以諸侯德公齊侯桓公？❸《尚書》曰「公曰

---

❶ 「時」，盧本作「知」。

❷ 今據《公羊》宣十二年傳，此句當爲「告從而不攻之」之意。

❸ 「諸侯德公齊侯桓公」，盧本作「知諸侯得稱公春秋曰葬齊桓公齊侯也」。

嗟」，秦伯也。《詩》云「覃公惟私」，覃子也。《春秋》曰「葬許繆公」，❶許男也。《禮·大射》經曰：「則擇獲。」大射者，諸侯之禮也，伯子男皆在也。

## 謚

謚者，何也？謚之爲言引也，引烈行之跡也。所以進勸成德，使上務節也。❷故《禮·特牲》曰：「古者生無爵，死無謚。」此言生有爵，死當有謚也。死乃謚之何？言人行終始不能若一，故據其終始，後可知也。《士冠》經曰：「死而謚之，今也。」所以臨葬而謚之何？因衆會欲顯揚之也。故《春秋》曰：「公之喪自乾侯。」昭公死於晉乾侯之地，數月歸，至急，當未有謚也。《春秋》曰：「丁巳葬。」「戊午日下側乃克葬。」明祖載而有謚也。

黄帝先黄後帝何？古者順死生之稱，各持行合而言之，美者在上。黄帝始制法度，得道之中，萬世不易，名黄，自然也。後世雖聖，莫能與同也。後世得與天同，亦得稱帝，不能立制作之時，故不得復黄也。❸謚或一言，或兩言何？文者以一言爲謚，質者以兩言爲謚。故《尚書》曰：「高宗，殷宗也。」湯死後，世稱成

---

❶「許」，原作「皆」，今據盧本及下文改。

❷「務」下，《太平御覽》（以下簡稱《御覽》）卷五六二引有「禮」字。

❸「黄」上，盧本有「稱」字。

湯，以兩言爲謚也。號無質文，謚有質文何？號者，始也，爲本，故不可變也。周已後，用意尤文，以爲本生時號令善，故有善謚。故合文、❶武王也。合言之則上其謚，明别善惡，所以勸人爲善，戒人爲惡也。帝者，天號也。以爲堯猶謚，顧上世質直，死後以其名爲號耳。所以謚之爲堯何？爲謚有七十二品。《禮記·謚法》曰：「翼善傳聖，謚曰堯。仁聖盛明，謚曰舜。慈惠愛民，謚曰文。剛强理直，❷謚曰武。」

天子崩，臣下至南郊謚之者何？以爲人臣之義，莫不欲褒大其君，❸掩惡揚善者也。故之南郊，明不得欺天也。故《曾子問》：「孔子曰：『天子崩，臣下之南郊告謚之。』」

諸侯薨，世子赴告天子，天子遣大夫會其葬而謚之何？幼不誄長，賤不誄貴，諸侯相誄，非禮也。臣當受謚於君也。

卿大夫老歸死有謚何？謚者，别尊卑，彰有德也。卿大夫歸無過，猶有禄位，故有謚也。

夫人無謚者何？無爵，故無謚。或曰：夫人有謚。夫人一國之母，修閨門之内，群下亦化之，故設謚以彰其善惡。《春秋傳》曰「葬宋恭姬」，❹《傳》曰：「其稱謚何？賢也。」《傳》曰：「哀姜者何？莊公夫人

❶「合」，原作「舍」，今據盧本改。
❷「剛」，原脱，今據盧本補。
❸「大」，盧本作「稱」。
❹「傳」，據引文當作「經」。「宋」，原作「宗」，今據盧本及《春秋》經文改。

也。」卿大夫妻無謚何？賤也。八妾所以無謚何？卑賤無所能務，❶猶士卑小，不得有謚也。太子夫人無謚何？本婦人隨夫。太子無謚，其夫人不得有謚也。天子太子，元士也。士無謚，知太子亦無謚也。附庸所以無謚何？卑小無爵也。《王制》曰：「爵禄，凡五等。」附庸本非爵也。

后夫人於何所謚之？以爲於朝廷。朝廷本所以治政之處，臣子共審謚，白之於君，然後加之。婦人天夫，❷故但白君而已。何以知不之南郊也？婦人本無外事，何爲於郊也？《禮·曾子問》曰：「唯天子稱天以誄之。」❸唯者，獨也。明天子獨於南郊耳。

顯號謚何法？法曰未出而明，已入有餘光也。

---

❶「務」，盧本據《御覽》改「豫」。

❷「天」，原作「大」，今據小字本、盧本改。

❸「誄」，原作「誅」，今據小字本、盧本改。

# 白虎通德論卷第二

臣班固纂集

## 五祀

五祀者，何謂也？謂門、户、井、竈、中霤也。所以祭何？人之所處出入，所飲食，故爲神而祭之。何以知五祀謂門、户、井、竈、中霤也？《月令》曰「其祀户」，又曰「其祀竈」，「其祀中霤」，「其祀門」，「其祀井」。獨大夫已上得祭之何？士者位卑禄薄，但祭其先祖耳。《禮》曰：「天子祭天地，諸侯祭山川，卿大夫祭五祀，士祭其祖。」《曲禮》曰：「天地、四時、山川、五祀，歲遍。諸侯方祀山川、五祀，歲遍。卿大夫祭五祀，士祭其先。非所當祭而祭之，名曰淫祀。淫祀無福。」

祭五祀所以歲一徧何？順五行也。故春即祭户。户者，人所出入，亦春萬物始觸户而出也。夏祭竈者，火之主，人所以自養也。夏亦火王，長養萬物。秋祭門，門以閉藏自固也。秋亦萬物成熟，内備自守也。冬祭井，井者，水之生藏在地中。❶ 冬亦水王，萬物伏藏。六月祭中霤。中霤者，象土在中央也。六月亦土

❶ 「在」，原作「任」，今據小字本、盧本改。

王也。故《月令》春言「其祀户，祭先脾」，夏言「其祀竈，祭先肺」，秋言「其祀門，祭先肝」，冬言「其祀井，祭先腎」，中央言「其祀中霤，祭先心」。春祀户，祭所以時先脾者何？脾者，土也。春木王煞土，故以所勝祭之也。是冬腎、六月心，非所勝也，以祭何？以爲土位在中央，至尊，故祭以心。心者，藏之尊者。水最卑，不得食其所勝。

祭五祀，天子諸侯以牛，卿大夫以羊，因四時牲也。一説户以羊，竈以雉，中霤以豚，門以犬，井以豕。或曰：中霤用牛，餘不得用豚。井以魚。

## 社　稷

王者所以有社稷何？爲天下求福報功。人非土不立，非穀不食，土地廣博，不可偏敬也。五穀衆多，不可一一而祭也。故封土立社，示有土尊。稷，五穀之長，故封稷而祭之也。《尚書》曰：「乃社于新邑。」《孝經》曰：「保其社稷而和其民人，蓋諸侯之孝也。」稷者，得陰陽中和之氣，而用尤多，故爲長也。

歲再祭何？春求穀之義也。故《月令》仲春之月，「擇元日，命人社」。《援神契》曰：「仲春獲禾，報社祭稷。」

以三牲何？重功故也。《尚書》曰：「乃社于新邑，羊一，牛一，豕一。」《王制》曰：「天子社稷皆大牢，諸侯社稷皆少牢。」宗廟俱大牢，社稷獨少牢何？宗廟大牢，所以廣孝道也。社稷爲報功，諸侯一國所報者少故也。

王者、諸侯俱兩社何？俱有土之君。《禮記·三正》曰：❶「王者二社。爲天下立禮曰太社，自爲立社曰王社。諸侯爲百姓立社曰國社，自爲立社曰侯社。」太社爲天下報功，王社爲京師報功。太社尊於王社，土地久，故而報之。

王者、諸侯必有誡社何？示有存亡也。明爲善者得之，惡者失之。故《春秋公羊傳》曰：「亡國之社，奄其上，柴其下。」《郊特牲》曰：「喪國之社屋之。」自言與天地絕也。在門東，明自下之無事處也。或曰：皆當著明誡，當近君，置宗廟之牆南。《禮》曰「亡國之社稷，必以爲宗廟之屏」，示賤之也。

社稷在中門之外，外門之内何？尊而親之，與先祖同也。不置中門内何？敬之，示不褻瀆也。《論語》曰：「譬諸宫牆，不得其門而入，不見宗廟之美，百官之富。」《祭義》曰：「右社稷，左宗廟。」

大夫有民，其有社稷者，亦爲報功也。《禮·祭法》曰：「大夫成群立社，曰置社。」❷《月令》曰：「擇元日，命人社。」《論語》曰：「季路使子羔爲費宰。」「曰：有民人焉，有社稷焉。」

不謂之土何？封土爲社，故變名謂之社，别於衆土也。爲社立祀，治謂之稷，語亦自變有内外。或曰至稷，不以稷爲社。故不變其名，事自可知也。不正月祭稷何？禮不常存，養人爲用，故立其神。

---

❶ 「禮記三正」，盧本作「禮三正記」。

❷ 「社」，原作「在」，今據盧本及《禮記》改。

社無屋何？達天地氣。故《郊特牲》曰：「太社稷必受霜露風雨，❶以達天地之氣。」社稷所以有樹何？尊而識之，使民人望見師敬之，❷又所以表功也。故《周官》曰：「司社而樹之，各以土地所生。」《尚書》亡篇曰：「太社唯松，東社唯栢，南社唯梓，西社唯栗，北社唯槐。」

王者自親祭社稷何？社者，土地之神也。土生萬物，天下之所主也。尊重之，故自祭也。其壇大何如？《春秋文義》曰：「天子之社稷廣五丈，諸侯半之。」其色如何？《春秋傳》曰：「天子有太社焉，東方青色，南方赤色，西方白色，北方黑色，上冒以黄土。故將封東方諸侯，青土，苴以白茅，謹敬潔清也。」

祭社有樂。《樂記》曰：「樂之施於金石絲竹，越於聲音，用之於宗廟社稷。」《曾子問》曰：「諸侯之祭社稷，俎豆既陳，聞天子崩，如之何？孔子曰：『廢。』」臣子哀痛之，不敢終於禮也。

## 禮樂

王者所以盛禮樂何？節文之喜怒。樂以象天，禮以法地。人無不含天地之氣，有五常之性者。故樂

---

❶「太社稷」，盧本作「天子大社」。

❷「師」，盧本作「即」。

所以蕩滌，反其邪惡也。禮所防淫佚，節其侈靡也。故《孝經》曰：「安上治民，莫善於禮。移風易俗，莫善於樂。」子曰：「樂在宗廟之中，君臣上下同聽之，則莫不和敬；族長鄉里之中，❶長幼同聽之，則莫不和順；在閨門之内，父子兄弟同聽之，則莫不和親。故樂者，所以崇和順，比物飾節，節奏合以成文，所以合和父子君臣，附親萬民也。是先王立樂之意也。故聽其《雅》、《頌》之聲，志意得廣焉。執干戚，習俯仰屈信，容貌得齊焉。其惙兆，❷要其節奏，行列得正焉，進退得齊焉。故樂者，天地之命，中和之紀，人情之所不能免焉也。夫樂者，先王之所以飾喜也。軍旅鈇鉞，所以飾怒也。故先王之喜怒，皆得其齊焉。喜則天下和之，怒則暴亂者畏之。先王之道，禮樂可謂盛矣。」聞角聲，莫不惻隱而慈者；聞徵聲，莫不喜養好施者；聞商聲，莫不剛斷而立事者；聞羽聲，莫不深思而遠慮者；聞宫聲，莫不温潤而寬和者也。禮所揖讓何？所以尊人自損也，不争。❸《論語》曰：「揖讓而升，下而飲，其争也君子。」故「君使臣以禮，臣事君以忠」。「謙謙君子，利涉大川」，「以貴下賤，大得民也」。屈己敬人，君子之心。故孔子曰：「爲禮不敬，吾何以觀之哉？」夫禮者，陰陽之際也，百事之會也，所以尊天地，儐鬼神，序上下，正人道也。樂所以必歌者何？夫歌者，口言之也。中心喜樂，口欲歌之，手欲舞之，足欲蹈之。故《尚書》曰：「前歌後舞，假于上下。」禮貴忠何？禮者，

---

❶「族」上，盧本有「在」字。

❷「其」上，小字本、盧本有「行」字。「惙」，盧本作「綴」。

❸「不争」上，盧本有「揖讓則」三字。

盛不足，節有餘。使豐年不奢，凶年不儉，富貧不相懸也。樂尚雅，雅者，古正也，所以遠鄭聲也。孔子曰：「鄭聲淫何？鄭國土地民人山居谷浴，男女錯雜，爲鄭聲以相悦懌，故邪僻，聲皆淫色之聲也。」

太平乃制禮作樂何？夫禮樂所以防奢淫。天下人民飢寒，何樂之乎？功成作樂，治定制禮。樂言作，禮言制何？樂者，陽也，陽倡始，❶故言作。禮者，陰也，陰制度於陽，❷故言制。樂象陽，禮法陰也。

王者始起，何用正民？以爲且用先王之禮樂，天下太平乃更制作焉。《書》曰：「肇修殷殷禮，❸祀新邑。」此言太平去殷禮。《春秋傳》曰：「昌何爲不修乎近而修乎遠？同己也。可因先以太平也。」必復更制者，示不襲也。又天下樂之者，樂者所以象德表功殊名。《禮記》曰：「黄帝樂曰《咸池》，顓頊樂曰《六莖》，帝嚳樂曰《五英》，堯樂曰《大章》，舜樂曰《簫韶》，禹樂曰《大夏》，湯樂曰《大護》，周樂曰《大武象》，周公之樂曰《酌》，合曰《大武》。」黄帝曰《咸池》者，言大施天下之道而行之，天之所生，地之所載，咸蒙德施也。顓頊曰《六莖》者，言和律曆以調陰陽。莖者，著萬物也。帝嚳曰《五英》者，言能調和五聲，以養萬物，調其英華也。堯曰《大章》，大明天地人之道也。舜曰《簫韶》者，舜能繼堯之道也。禹曰《大夏》者，言禹能順二聖之

---

❶「陽」，盧本作「動作」。

❷「陰制度」，盧本作「繫制」。

❸「肇修殷殷禮」，小字本作「肇修稱殷禮」，盧本據《尚書·洛誥》作「肇稱殷禮」。

道而行之，故曰《大夏》也。湯曰《大護》者，言湯承衰，能護民之急也。周公曰《酌》者，❶言周公輔成王，能斟酌文武之道而成之也。武王曰《象》者，象太平而作樂，示已太平也。合曰《大武》者，天下始樂周之征伐行武，故詩人歌之：「王赫斯怒，爰整其旅。」當此之時，天下樂文王之怒以定天下，故樂其武也。周室中制《象湯》樂何？❷殷紂爲惡日久，其惡最甚，斮涉刳胎，殘賊天下。武王起兵，前歌後舞，剋殷之後，民人大喜，故中作所以節喜盛。

天子八佾，諸侯四佾，所以别尊卑。樂者，陽也，故以陰數，法八風、六律、四時也。八風、六律者，天氣也，助天地成萬物者也。亦猶樂所以順氣變化，萬民成其性命也。故《春秋公羊傳》曰：「天子八佾，諸公六佾，諸侯四佾。」《詩傳》曰：❸「大夫士琴瑟御。」八佾者，何謂也？佾者，列也。以八人爲行列，八八六十四人也。諸公六六爲行，諸侯四四爲行。諸公謂三公二王後。大夫士，北面之臣，非專事子民者也，故但琴瑟而已。

王者有六樂者，貴公美德也，所以作供養。傾先王之樂，明有法，示亡其本；興己所以自作樂，明作己也。

---

❶「酌」下，原有「合」字，今據盧本及上文删。
❷「湯」，盧本無此字。
❸「傳」，原脱，今據盧本補。

樂所以作四夷之樂何？德廣及之也。《易》曰：「先王以作樂崇德，殷薦之上帝，以配祖考。」《詩》云：「奏鼓簡簡，衎我烈祖。」《樂元語》曰：「受命而六樂，樂先王之樂，明有法也。與其所自作，❶明有制。興四夷之樂，明德廣及之也。故南夷之樂曰《兜》，❷西夷之樂曰《禁》，北夷之樂曰《昧》，東夷之樂曰《離》。合觀之樂儛於堂，❸四夷之樂陳於右，先王所以得之順命重始也。」❹此言以文得之先以文，❺謂持羽毛儛也。以武得之，持干戚儛也。《樂元語》曰：「東夷之樂持矛舞，助時生也。南夷之樂持羽舞，助時養也。西夷之樂持戟舞，助時煞也。北夷之樂持干舞，助時藏也。」誰制夷狄之樂？以爲先聖王也。先王惟行道德，❻和調陰陽，覆被夷狄。故夷狄安樂，來朝中國，於是作樂樂之。南之爲言任也，任養萬物。昧之爲言昧也，昧者，

---

❶「與」，盧本作「興」。

❷「南夷」至「曰離」，盧本據《禮記·明堂位》疏作「東夷之樂曰朝離，南夷之樂曰南，西夷之樂曰味，北夷之樂曰禁」。

❸「觀」，陳立《疏證》作「歡」。

❹此句下，盧本據《藝文類聚》引補「王者之樂有先後者，各尚其德也」十三字。

❺上「文」字，原作「人」，今據盧本及下文文例改。

❻「惟」，盧本作「推」。

萬物老衰。❶禁者，萬物禁藏。侏離者，❷萬物微離地而生。一説：東方持矛，南方歌，西方戚，北方擊金。夷狄質，不如中國，中國文章，但隨物名之耳，故百王不易。

王者制夷狄樂，❸不制夷狄禮何？以爲禮者，身當履而行也。夷狄之人，不能行禮。樂者，聖人作爲以樂之耳。故有夷狄樂也。殊爲舞者？❹以爲使中國人。何以言之？夷狄之人禮不備，恐有過誤也。作之門外者何？夷在外，故就之也。夷狄無禮義，故不在内。《明堂記》曰：「九夷之國，在東門之外。」所以知不在門内也。《明堂記》曰：「禹納蠻夷之樂於太廟。」言納，明有入也。曰四夷之樂者，何謂也？以爲四夷外無禮義之國，數夷狄者從東，故舉本以爲之總名也。言夷狄者，舉終始也。言蠻，舉遠也。言貉，舉惡也。則別之，東方爲九夷，南方爲八蠻，西方爲六戎，北方爲五狄。故《曾子問》曰：「九夷、八蠻、六戎、五狄，百姓之難至者也。」何以知夷在東方？《禮·王制》曰：「東方曰夷，被髮文身。」又曰：「南方曰蠻，雕題交趾。西方曰戎，被髮衣皮。北方曰狄，衣羽毛，穴居。」東所以九何？蓋來者過，❺九之爲言究也。德偏究，故應德而來亦九也。非故爲之，道自然也。何以名爲夷蠻？曰：聖人本不治外國，非爲制名也，因其

---

❶ 此句下，盧本補「取晦昧之義也」六字。
❷ 「侏」，盧本作「朝」。
❸ 「王者」，原作「戚二者」，今據盧本改。
❹ 「殊」，盧本作「誰」。
❺ 「來者過」，盧本作「來過者九」。

國名而言之耳。一説，曰：名其短而爲之制名也。夷者，僔狄無禮義。東方者，少陽易化，故取名也。北方太陰，鄙郄，故少難化，❶蠻，蟲，執心違邪。戎者，强惡也。狄者，易也，辟易無別也。

歌者在堂上，舞在堂下何？歌者象德，舞者象功，❷君子上德而下功。《郊特牲》曰：「歌者在上。」《論語》曰：「季氏八佾舞於庭。」《書》「下管鞀鼓」，「笙鏞以間」。

降神之樂在上何？爲鬼神舉。故《書》曰：「戛擊鳴球，搏拊琴瑟以詠，祖考來格。」何以用鳴球搏拊者何？❸鬼神清虚，貴浄賤鏗鏘也。故《尚書大傳》曰：「搏拊鼓，振以秉。❹琴瑟練絲朱絃。」鳴者，貴玉聲也。

王者食所以有樂何？樂食天下之太平，富積之饒也。明天子至尊，非功不食，非德不飽。故《傳》曰：「天子食，時舉樂。」王者所以日食者何？明有四方之物，食四時之功也。四方不平，四時不順，有徹樂之法焉。所以明至尊、著法戒也。王平居中央，制御四方。平旦食，少陽之始也。晝食，太陽之始也。晡食，少陰之始也。暮食，太陰之始也。《論語》曰：「亞飯干適楚，三飯繚適蔡，四飯缺適秦。」諸侯三飯，卿大夫再

❶「難」上，原有「蠻蟲」二字，今據盧本移在下「執心違邪」上。「北方」至「難化」，盧本移在段末「無別也」之後。
❷「功」，原脱，今據小字本、盧本補。
❸上「何」字，盧本作「所」。
❹「振以秉」，盧本作「裝以穅」。

飯，尊卑之差也。《弟子職》「暮食士偃禮」，❶士也。食力無數，庶人職在耕桑，戮力勞役，飢即食，❷飽即作，故無數。禮樂者，何謂也？禮之爲言履也，可履踐而行。樂者，君子樂得其道，小人樂得其欲。聲者何謂？聲，鳴也，聞其聲即知其所生。音者，飲也，言其剛柔清濁和而相飲也。《尚書》曰：「予欲聞六律、五聲、八音。」五聲者，何謂也？宮、商、角、徵、羽。土謂宮，金謂商，木謂角，火謂徵，水謂羽。《月令》曰：「盛德在木」，「其音角」。又曰：「盛德在火」，「其音徵」。「盛德在金」，「其音商」。「盛德在水」，「其音羽」。所以名之爲角者，躍也，陽氣動躍。徵者，止也，陽氣止。商者，張也，陰氣開張，陽氣始降也。羽者，紆也，陰氣在上，陽氣在下。宮者，容也，含也，含容四時者也。八音者，何謂也？《樂記》曰：「土曰塤，竹曰管，皮曰鼓，匏曰笙，絲曰絃，石曰磬，金曰鐘，木曰柷敔。」此謂八音也。法《易》八卦也，萬物之數也。八音，萬物之聲也。所以用八音何？天子承繼萬物，當知其數。既得其數，當知其聲，即思其形。如此，蜎飛蠕動無不樂其音者，至德之道也。天子樂之，故樂用八音。《樂記》曰：「塤，坎音也。管，艮音也。鼓，震音也。絃，離音也。鐘，兑音也。柷敔，乾音也。塤在十一月，塤之爲言勳，陽氣於黄泉之下勳蒸而萌。匏之言施也，在十二月，萬物始施而勞。笙者，太蔟之氣，象萬物之生，故曰笙。有七正之節焉，有六合之和焉，天下樂之，故謂之

---

❶「士偃」，盧本作「復」。

❷「飢」，原作「飯」，今據小字本、盧本改。

笙。鼓，震音，煩氣也，萬物憤懣震動而生，❶雷以動之，温以煖之，風以散之，雨以濡之，奮至德之聲，感和平之氣也，同聲相應，同氣相求，神明報應，天地祐之，其本乃在萬物之始耶？故謂鼓也。鞀者，震之氣也，上應卯星，以通王道，故謂之鞀也。簫者，中之氣。❷萬物生於無聲，見於無形，僇也，簫也，故謂之簫。簫者，以祿爲本，言承天繼物爲民本，人力加，地道化，然後萬物戮也。故謂之簫也。瑟者，嗇也，閑也，所以懲忽宮、商、角則宜，❸君父有節，臣子有義，然後四時和。四時和，然後萬物生。故謂之瑟也。琴者，禁也，所以禁止淫邪，正人心也。磬者，夷則之氣也，象萬物之盛也。其氣磬。故曰：磬有貴賤焉，有親疎焉，有長幼焉。朝廷之禮，貴不讓賤，所以有尊卑也。鄉黨之禮，長不讓幼，所以明有年也。宗廟之禮，親不讓疎，所以有親也。此三者行，然後王道得，王道得，然後萬物成，天下樂用磬也。❹鐘之爲言動也，陰氣用事，萬物動成。鐘爲氣，用金聲也。鎛者，時之氣聲也，節度之所生也。君臣有節度則萬物昌，無節度則萬物亡，亡與昌正相迫，故謂之鎛。柷敔者，終始之聲，萬物之所生也。陰陽順而復，故曰柷。承順天地，序迎萬物，天下樂之，故樂用柷。柷，始也。敔，終也。一説，笙、柷、鼓、簫、瑟、塤、鐘、磬也，如其次。笙在北方，柷在東

---

❶「生」，盧本作「出」。

❷「中」下，盧本據《御覽》補「吕」字。

❸「懲忽」至「則宜」，盧本據《御覽》作「懲忿窒欲，正人之德也。故曰：瑟有君父之節，臣子之法」。

❹「樂」下，盧本有「之故樂」三字。

北方，鼓在東方，琴在南方，塤在西南方，鐘在西方，磬在北方。❶聲五、音八何？聲爲本，出於五行，音爲末，象八風。故《樂記》曰「聲成文謂之音，知音而樂之謂之樂」也。

問曰：異説並行，則弟子疑焉。孔子有言：「吾聞擇其善者而從之。多見而志之也，知之次也。」「文武之道，未墜於地。」「天之將喪斯文也。」「樂亦在其中矣。」聖人之道，猶有文質，所以據其説，❷述所聞者，亦各傳其所受而已。

---

❶「在」下，盧本有「西」字。

❷「據」，盧本作「擬」。

# 白虎通德論卷第三

臣班固纂集

## 封公侯

王者所以立三公九卿何？曰：天雖至神，必因日月之光。地雖至靈，必有山川之化。聖人雖有萬人之德，必須俊賢，三公、九卿、二十七大夫、八十一元士，以順天成其道。司馬主兵，司徒主人，司空主地。王者受命爲天地人之職，故八職以置三公，❶各主其一，以効其功。一公置三卿，故九卿也。天道莫不成於三：天有三光，日、月、星；地有三形，高、下、平；人有三尊，君、父、師。故一公三卿佐之，一卿三大夫佐之，一大夫三元士佐之。天有三光，然後而能遍照，各自有三，法物成於三，有始、有中、有終，明天道而終之也。三公、九卿、二十七大夫、八十一元士，凡百二十官，下應十二子。《別名記》曰：「司徒典民，司空主地，司馬順天。」天者施生，所以主兵何？兵者，爲諸除害也，所以全其生，衛其養也，故兵稱天。寇賊猛獸，皆爲除害者所主也。《論語》曰：「天下有道，則禮樂征伐自天子出。」司馬主兵，言馬者，馬陽物，乾之所爲，行兵用

---

❶「八」，盧本作「分」。

焉。不以傷害爲度，故言馬也。司徒主人，不言徒人者，徒，衆也，重民。司空主土，不言土言空者，空尚主之，何况於實。以微見著。

王者主三公、九卿、二十七大夫，足以教道照幽隱，必復封諸侯何？重民之至也。善惡比而易故知，❶擇賢而封之，使治其民，以著其德，極其才。上以尊天子，備蕃輔。下以子養百姓，施行其道。開賢者之路，謙不自專，故列土封賢，因而象之，象賢重民也。

州伯何謂也？伯，長也，選擇賢良，使長一州，故謂之伯也。《王制》曰：「千里之外設方伯。五國以爲屬，屬有長。十國以爲連，連有率。三十國以爲卒，卒有正。二百一十國以爲州，州有伯。」唐、虞謂之牧何？尚質。使大夫往來牧諸侯，故謂之牧。旁立三人，凡十二人。《尚書》曰：「咨十有二牧。」何知堯時十有二州也？以《禹貢》言九州也。王者所以有二伯者，分職而授政，欲其亟成也。《王制》曰：「八伯各以其屬屬於天子之老，曰二伯。」《詩》云：「蔽芾甘棠，勿剪勿伐，邵伯所茇。」《春秋公羊傳》曰：「自陝已東，周公主之；自陝已西，邵公主之。」不分南北何？東方被聖人化日少，西方被聖人化日久，故分東西，使聖人主其難者，賢者主其易者，乃俱到太平也。❷又欲令同有陰陽寒暑之節，共法度也。所分陝者，是國中也。若言面，八百四十國矣。

---

❶「故知」，盧本作「知故」。

❷「到」，盧本作「致」。

諸侯有三卿者，分三事也；五大夫者，下天子。《王制》曰：「大國三卿，皆命於天子；下大夫五人，上士二十七人。次國三卿，二卿命於天子，一卿命於其君。」「小國二卿，皆命於其君。」大夫悉同。《禮・王度記》曰：「子男三卿，一卿命於天子。」

諸侯封不過百里，象雷震百里所潤雨同也。雷者，陰中之陽也，諸侯象也。諸侯比王者爲陰，南面賞罰爲陽，法雷也。七十里、五十里，差德功也。故《王制》曰：「凡四海之内九州，州方千里，建百里之國二十，七十里之國六十，五十里之國百有二十。」「名山大澤不以封，其餘以爲附庸間田。」天子所治方千里，此平土三千，并數邑居、山川至五十里。名山大澤不以封者，與百姓共之，不使一國獨專也。山木之饒，水泉之利，千里相通，所均有無，贍其不足。制土三等何？因土地有高、下、中。

王者即位，先封賢者，憂人之急也。故列土爲疆，非爲諸侯；張官設府，非爲卿大夫。皆爲民也。《易》曰：「利建侯。」此言因所利故立之。《樂記》曰：「武王克殷反商，下車封夏后氏之後於杞，殷人之後於宋，封王子比干之墓，釋箕子之囚。」天下太平，乃封親屬者，示不私也。即不私封之何？「普天之下，莫非王土，率土之賓，莫非王臣。」海内之衆已盡得使之，不忍使親屬無短足之居，一人使封之，親親之義也。以《尚書》封康叔，據平安也。王者始起，封諸父昆弟，與己共財之義，故可與共土。一説，諸父不得封諸侯，二十國厚有功，象賢，以爲民也。賢者子孫類多賢。又卿不世位，爲其不子愛百姓，各加一功，以虞樂其身也。受命不封子者，父子手足，無分離異財之義。至昆弟皮體有分別，❶故封之也。以舜封弟象有比之野也。

❶「皮」，盧本作「支」。

封諸侯以夏何？陽氣盛養，故封諸侯，盛養賢也。封立人君，陽德之盛者。《月令》曰：「孟夏之月，行賞，封諸侯，慶賜，無不欣悅。」

何以言諸侯繼世？以立諸侯象賢也。大夫不世位何？股肱之臣任事者也，爲其專權擅勢，傾覆國家。又曰：孫荀中庸，❶不任輔政，妨塞賢，故不世世。故《春秋公羊傳》曰：「譏世，世，非禮也。」諸侯世位，大夫不世，安法？所以諸侯南面之君，體陽而行，陽道不絕；大夫人臣北面，體陰而行，陰道絕。以男生内嚮，有留家之義；女生外嚮，有從夫之義。此陽不絕、陰有絕之効也。

國在立太子者，防篡煞，壓臣子之亂也。《春秋》之弒太子，罪與弒君同。《春秋》曰「弒其君之子奚齊」，明與弒君同也。君薨，適夫人無子，有育遺腹，必待其産立之何？尊適重正也。《曾子問》曰：「立適以長不以賢何？以言爲賢不肖不可知也。」《尚書》曰：「惟帝其難之。」立子以貴不以長，防愛憎也。《春秋》曰「適以長不以賢，❷立子以賢不以長」也。

始封諸侯無子死，不得與兄弟何？古者象賢也，弟非賢者子孫。《春秋傳》曰「善善及子孫」，不言及昆弟。昆弟尊同，無相承養之義。以閔公不繼莊公也，❸昆弟不相繼之義。至繼體諸侯，無子得及親屬者，以

❶「荀中」，小字本、盧本作「首也」。

❷「春秋」下，盧本有「傳」字；「適」上，盧本有「立」字。

❸此句盧本刪。

其俱賢者子孫也，重其先祖之功，故得及之。

《禮·服傳》曰「大宗不可絶，同宗則可以爲後爲人作子」何？明小宗可以絶，大宗不可絶。故舍己之父，往爲後於大宗。所以尊祖重不絶大宗也。《春秋傳》曰「爲人後者爲人子」者，繼世諸侯無子，又無弟，但有諸父庶兄，當誰與庶兄，❶推親之序也。

王者受命而作，興滅國，繼絶世何？爲先王無道，妄煞無辜；及嗣子幼弱，爲强臣所奪，子孫皆無罪囚而絶，重其先人之功，故復立之。《論語》曰：「興滅國，繼絶世。」誅君之子不立者，義無所繼也。諸侯世位，象賢也。今親被誅絶也。《春秋傳》曰：「誅君之子立。」君見弑，其子得立何？所以尊君，防簒弑。《春秋經》曰「齊無知殺其君」，❷貴妾子公子糾當立也。

大夫功成未封，子得封者，善善及子孫也。《春秋傳》曰：「賢者子孫宜有土地也。」

周公不之魯何？爲周公繼武王之業也。《春秋傳》曰：「周公曷爲不之魯？欲天下一于周也。」《詩》云：「王曰叔父，建爾元子，❸俾侯于魯。」周公身薨，天爲之變，成王以天子之禮葬之，命魯郊，以明至孝，天所興也。

---

❶「與庶」，原倒，今據盧本乙正。

❷「春秋」下，原有「繼」字，今據盧本删。

❸「元」，原作「無」，今據小字本、盧本及《毛詩》改。

## 京師

王者必即土中者何？所以均教道，平往來，使善易以聞，爲惡易以聞，明當懼慎，損於善惡。《尚書》曰：「王來紹上帝，自服於土中。」聖人承天而制作。《尚書》曰：「公不敢不敬天之休，來相宅。」

周家始封於何？后稷封於邰，公劉去邰之邠。《詩》云：「即有台家室。」又曰：「篤公劉，于邠斯觀。」周家五遷，其意一也，皆欲成其道也。時寧先皇者，❶不以諸侯移，必先請從然後行。

京師者，何謂也？千里之邑號也。京，大也。師，衆也。天子所居，故大衆言之。明諸侯，❷法日月之徑千里。《春秋傳》曰：「京曰天子之居也。」《王制》曰：「天子之田方千里。」

或曰：夏曰夏邑，殷曰商邑，周曰京師。《尚書》曰「率割夏邑」，謂桀也。「在商邑」，謂殷也。

《王制》曰：❸「天子三公之田視公、侯，卿視伯，大夫視子、男，士視附庸。上農夫食九人，其次食八人，其次食七人，其次食六人。下農夫食五人。庶人在官者以是爲差也。諸侯之下士視上農夫，禄足以代其耕也。中士倍下士，上士倍中士，下大夫倍上士。卿四大夫禄，君十卿禄。次國之卿，三大夫禄，君十卿禄。

---

❶「皇」，盧本作「白王」。

❷「明」下，盧本據《御覽》補「什倍」二字。

❸「王制」上，盧本有「禄者録也上以收録接下下以名録謹以事上」十八字。

小國之卿，倍上大夫禄，君十卿禄。天子之縣内，有百里之國九，七十里之國二十一，五十里之國六十三，凡九十三國。名山大澤不以封。其餘以禄士，以爲閒田。」

諸侯入爲公卿大夫，得食兩家菜不？曰：有能，然後居其位；德加於人，然後食其禄：所以尊賢、重有德也。今以盛德人輔佐，兩食之何？❶《王制》曰：「天子縣内諸侯，禄也；外諸侯，嗣也。」

天子太子食菜者，儲君，嗣主也，當有土以尊之也。太子食百里，與諸侯封同。故《禮》曰：「公士大夫子子也。」無爵而在大夫上，故百里也。

公卿大夫皆食菜者，示與民同有無也。

## 五　行

五行者，何謂也？謂金、木、水、火、土也。言行者，欲言爲天行氣之義也。地之承天，猶妻之事夫，臣之事君也。謂其位卑，卑者親事，故自周於一行尊於天也。❷《尚書》：「一曰水，二曰火，三曰木，四曰金，五

---

❶「何」，盧本删。

❷「周」，盧本據《御覽》改爲「同」。

曰土。」水位在北方，北方者，陰氣，在黄泉之下，任養萬物。水之爲言准也，❶陰化沾濡任生木。❷木在東方，東方者，陰陽氣始動，萬物始生。木之爲言觸也，陽氣動躍。❸火在南方，南方者，陽在上，萬物垂枝。火之爲言委隨也，言萬物布施；火之爲言化也，陽氣用事，萬物變化也。金在西方，西方者，陰始起，萬物禁止。金之爲言禁也。土在中央者，主吐含萬物，土之爲言吐也。何知東方生？《樂記》曰：「春生夏長，秋收冬藏。」土所以不名時。地，土别名也，比於五行最尊，故不自居部職也。《元命包》曰：「土之爲位而道在，故大不預化，人主不任部職。」

五行之性，或上或下何？火者，陽也，尊，故上。水者，陰也，卑，故下。木者少陽，❹金者少陰，有中和之性，故可曲可直，從革。土者最大，苞含物，將生者出者將歸者，❺不嫌清濁爲萬物。《尚書》曰：「水曰潤下，火曰炎上，木曰曲直，金曰從革，土爰稼穡。」五行所以二陽三陰何？土尊，尊者配天；金、木、水、火，陰陽自偶。

水味所以鹹何？是其性也，所以北方鹹者，萬物鹹與所以堅之也，猶五味得鹹乃堅也。木味所以酸者

❶「准」，原作「淮」，今據小字本、盧本改。
❷此句，盧本作「養物平均有准則也」。
❸「動躍」下，盧本補「觸地而出也」五字。
❹「木」，原作「水」，今據盧本及上下文改。
❺「將生」至「歸者」，盧本作「將生者出，將歸者入」。

何？東方萬物之生也，酸者以達生也，猶五味得酸乃達也。火味所以苦何？南方主長養，苦者所以長養也，猶五味須苦可以養也。金味所以辛何？西方煞傷成物，辛所以煞傷之也，猶五味得辛乃委煞也。土味所以甘何？中央者，中和也，故甘，猶五味以甘爲主也。《尚書》曰：「潤下作鹹，炎上作苦，曲直作酸，從革作辛，稼穡作甘。」北方其臭朽者何？北方水，萬物所幽藏也。又水者受垢濁，故臭腐朽也。東方者，木也，萬物新出地中，故其臭羶。南方者，火也，❶盛陽承動，故其臭焦。西方者，金也，萬物成熟始復諾，故其臭腥。中央，土也，主養，故其臭香也。《月令》曰：「東方其臭羶，南方其臭焦，中央其臭香，西方其臭腥，北方其臭朽。」所以名之爲東方者，動方也，萬物始動生也。南方者，任養之方，萬物懷任也。西方者，遷方也，萬物遷落也。北方者，伏方也，萬物伏藏也。

少陽見寅，寅者，演也。律中大簇，律之言率，所以率氣令生也。卯者，❷茂也，律中夾鐘。衰於辰，辰，震也。律中姑洗。其日甲乙者，萬物孚甲也；乙者，物蕃屈有節欲出。時爲春，春之爲言偆，偆，動也。位在東方，其色青，其音角。角者，氣動耀也。其帝太皞。皞者，大起萬物擾也。其神勾芒者，物之始生，其精青龍。芒之爲言萌也，陰中陽故。太陽見於巳，巳者，物必起。律中仲呂。壯盛於午，午，物滿長。律中蕤賓。衰於未，未，味也。律中林鐘。其日丙丁者，其物炳明，丁者，强也。時爲夏，夏之言大也。位在南方，

❶「火」，原作「水」，今據小字本、盧本改。

❷「卯」上，盧本有「盛於卯」三字。

其色赤，其音徵，徵，止也，陽度極也。其帝炎帝者，太陽也。其神祝融。祝融者，屬續。其精爲鳥，《離》爲鸞，故少陰見於申，申者，身也。律中夷則。壯於酉，酉者，老物收斂。律中南吕。衰於戌，戌者，滅也，律中無射。無射者，無聲也。其日庚辛，庚者，物更也；辛者，陰始成。時爲秋，秋之爲言愁亡也。❶其位西方，其色白，其音商，商者，强也。其帝少皞，少皞者，少斂也。其神蓐收，蓐收者，縮也。其精白虎，虎之爲言搏討也。故太陰見於亥，亥者，仰也。❷律中應鐘。壯於子，於子者，孳也。律中黄鐘。衰於丑，丑者，紐也。律中大吕。其日壬癸，壬者，陰始任；癸者，揆，揆度，可揆度也。時爲冬，冬之爲言終也。其位在北方，其音羽。羽之爲言舒，言萬物始孳。其帝顓頊，顓頊者，寒縮也。其神玄冥，玄冥者，入冥也。其精玄武，掩起離體泉，龜蛟珠蛤。土爲中宮。其日戊己，戊者，茂也；己，抑屈起。其音宫。宫者，中也。其帝黄帝，其神后土。

《月令》云十一月律謂之黄鐘何？中和之色。鐘者，動也，言陽氣動於黄泉之下，動養萬物也。十二月律之謂之大吕何？大，大也；吕者，拒也，言陽氣欲出，陰不許也。吕之爲言拒者，旅抑拒難之也。正月律謂之太蔟何？太亦大也，蔟者湊也，言萬物始大，湊地而出也。二月律謂之夾鐘何？夾者，孚甲也，言萬物孚甲，種類分也。三月謂之姑洗何？姑者，故也；洗者，鮮也：言萬物皆去故就其新，莫不鮮明也。四月

❶「亡」，盧本删。

❷「仰」，盧本作「侅」。

謂之仲吕何？言陽氣極將彼，❶故復中難之也。五月謂之蕤賓，蕤者，下也；賓者，敬也：言陽氣上極，陰氣始賓敬之也。六月謂之林鐘何？林者，衆也，萬物成熟，種類衆多。七月謂之夷則何？夷，傷；則，法也：言萬物始傷，被刑法也。八月謂之南吕何？南者，任也，言陽氣尚有，任生薺麥也，故陰拒之也。九月謂之無射何？射者，終也，言萬物隨陽而終也，當復隨陰起，無有終已。十月謂之應鐘何？鐘，動也，言萬物應陽而動下藏也。

五行所以更王何？以其轉相生，故有終始也。木生火，火生土，土生金，金生水，水生木。是以木王，火相，土死，金囚，水休。王所勝老死，囚，故王者休。木王、火相何以知爲臣？❷土所以死者，子爲父報仇者也。五行之子慎之物歸母，木王、火相、金成，其火燋金，金生水，水滅火，報其理。火生土，土則害水，莫能而禦。五行所以相害者，天地之性，❸衆勝寡，故水勝火也；精勝堅，故火勝金；剛勝柔，故金勝木；專勝散，故木勝土；實勝虚，故土勝水也。火陽，君之象也；水陰，臣之義也。臣所以勝其君何？此謂無道之君也，故爲衆陰所害，猶紂王也。是使水得施行，金以蓋之，土以應之，欲温則温，欲寒亦何從得害火乎？曰：五行各自有陰陽。木生火，所以還燒其母何？曰：金勝木，火欲爲木害金，金者堅强難消，故母以遜體

❶「極將彼」，盧本據《史記正義》改作「將極中充大也」。
❷「木」，原作「見」，今據盧本及下文改。
❸「天」，原作「大」，今據小字本、盧本改。

助火燒金，此自欲成子之義。又陽道不相離，故爲兩盛，火死，子乃繼之。木王所以七十二日何？土王四季各十八日，合九十日爲一時，王九十日。土所以王四季何？木非土不生，火非土不榮，❶金非土不成，水無土不高，土扶微助衰，歷成其道，故五行更王，亦須土也。王四季，居中央，不名時。五行何以知同時起丑訖義相生？《傳》曰：「五行並起，赴各以名別。」陽生陰煞，火中無生物，水中反有生物何？生者以內，火陰在內，故不生也。水火獨一種，金木多品何？以爲南北陰陽之極也，得其極，故一也。東西非其極也，故非一也。水木可食，金火土不可食何？木者陽，陽者施生，故可食；火者陰在內，金者陰嗇忝，故不可食。火水所以殺人何？水盛氣也，故入而殺人。火陰在內，故殺人壯於水也。金木微氣，故不能自殺人也。火不可入其中者，陰在內也，入則殺人矣。水土陽在內，故可入其中。金木微氣也，精密不可得入也。水火不可加人功爲用，金木加人功何？火者盛陽，水者盛陰者也。氣盛不變，故不可加人功爲人用，金木者不能自成，故須人加功以爲人用也。五行之性，火熱水寒，有溫水，無寒火何？明臣可以爲君，君不可更爲臣。五行常在，火乍亡何？水太陰也，刑者故常在。金少陰，木少陽，微氣無變，故亦常在。火太陽精微，人君之象，象尊常藏，猶天子居九重之內，臣下衛之也。藏於木者，依於仁也。木自主金，❷須人取之乃成，陰卑不能自成也。木所以浮，金所以沉何？子生於母之義。肝所以沉，肺所以浮何？有知者尊其母也。一

❶「榮」，小字本作「熒」。
❷「主」，盧本作「生」。

説，木畏金，金之妻庚，受庚之化，木者法其本，柔可曲直，故浮也。肝法其化，直故沉。五行皆同義。

天子所以内明而外昧，人所以外明而内昧何？明天人欲相嚮而治也。行有五，時有四何？四時爲時，五行爲節。故木王即謂之春，金王即謂之秋，土尊不任職，君不居部，故時有四也。子不肯禪何法？法四時火不興土而興金也。父死子繼何法？法木終火王也。兄死弟及何法？法夏之承春也。善善及子孫何法？法春生待夏復長也。惡惡止其身何法？法秋煞不待冬也。主幼臣攝政何法？法土用事於季、孟之間也。子之復讎何法？法土勝水，水勝火也。子順父，臣順君，妻順夫，何法？法地順天也。男不離父母何法？法火不離木也。女離父母何法？法水流去金也。娶妻親迎何法？法日入，陽下陰也。君讓臣何法？法月三十日，名其功也。善稱君，過稱己，何法？法陰陽共叙共生，陽名生，陰名煞。臣有功，歸於君何法？法歸明於日也。臣法君何法？法金正木也。子諫父何法？法火揉直木也。臣諫君不從則去，何法？法水潤下達於上也。君子遠子近孫，何法？法木遠火近土也。親屬臣諫不相去，何法？法水木枝葉不相離也。父爲子隱何法？法木之藏火也。子爲父隱何法？法水逃金也。君有衆民何法？法天有衆星也。王者賜，先親近後踈遠，何法？法天雨高者先得之也。長幼何法？法四時有孟、仲、季也。朋友何法？法水合流相承也。父母生子養長子何法？法水生木長大也。子養父母何法？法夏養長木，此火養母也。不以父命廢主命，何法？法金不畏土而畏火。陽舒陰急何法？法日行遲，月行疾也。有分土，無分民，何法？法四時各有分，而所生者通也。若言東，❶東方，天下皆生也。君一娶九女何法？法

❶「東」，小字本作「春」。

九州，象天之施也。不娶同姓何法？法五行異類乃相生也。子喪父母何法？法木不見水則憔悴也。喪三年何法？法三年一閏，天道終也。父喪子，夫喪妻，何法？法一歲物有終始，天氣亦爲之變也。年六十閉房何法？法六月陽氣衰也。人有五藏六府何法？法五行六合也。人目何法？法日月明也。日照晝，月照夜，人目所不更照何法？目亦更用事也。王者監二王之後何法？法木須金以正，須水以潤也。明王先賞後罰何法？法四時先生後煞也。

# 白虎通德論卷第四

臣班固纂集

## 三軍

國有三軍何？所以戒非常，伐無道，尊宗廟，重社稷，安不忘危也。何以言有三軍也？《論語》曰：「子行三軍，則誰與？」《詩》云：「周王于邁，六師及之。」三軍者何法？法天、地、人也。以爲五人爲伍，五伍爲兩，四兩爲卒，五卒爲旅，五旅爲師，師二千五百人，師爲一軍，六師一萬五千人也。《傳》曰：「一人必死，十人不能當。百人必死，千人不能當。千人必死，萬人不能當。萬人必死，橫行天下。」雖有萬人，猶謙讓自以爲不足，故復加五千人，❶因法月數。月者，群陰之長也。十二足以窮盡陰陽，❷備物成功，二千人亦足以征伐不義，❸致太平也。《穀梁傳》曰：「天子有六軍，諸侯上國三軍，次國二軍，下國一軍。」諸侯所以一

---

❶「五」，盧本作「二」，當是。

❷「十二」下，盧本有「月」字，當是。

❸「二千」上，盧本有「萬」字，當是。

軍者何？諸侯，蕃屏之臣也，任兵革之重，距一方之難，故得有一軍。

王者征伐，所以必皮弁素幘何？伐者凶事，素服示有悽愴也；伐者質，故衣古服。《禮》曰：「三王共皮弁素幘。」服亦皮素幘。又招虞人亦皮弁，知伐亦皮。

王者將出，辭於禰，還格祖禰者，言子辭面之禮，尊親之義也。《王制》曰：「王者將出，類于上帝，宜于社，造于禰。」《尚書》曰：「歸假于藝祖。」出所以告天，至告祖，無二。元后廟後告者，示不敢留尊者之命也。告天何？示不敢自專，非出辭反面之道也。與宗廟異義。還不復告天者，天道質，無内外，故不復告也。《尚書》言「歸假于祖禰」，不見告於天，知不告也。

王者受命，質家先伐，文家先正何？質家之天，命己也，使己也誅無道。❶今誅得，爲王，故先伐。文家言天命已成，爲王者乃得誅伐王者耳。故先改正朔也。又改正朔者，文代其質也。文者先其文，質者先其質。故《論語》曰：「予小子履，敢昭告于皇天上帝。」此湯伐桀告天，用夏家之法也。❷《詩》云：「命此文王，于周于京。」此言文王誅伐，故改號爲周，易邑爲京也。明天著忠臣孝子之義也。湯親北面稱臣而事桀，不忍相誅也。《禮》曰：「湯放桀，武伐紂，時也。」

王法天誅者，天子自出者，以爲王者乃天之所立，而欲謀危社稷，故自出，重天命也。犯王法，使方伯誅

---

❶「質家」至「無道」，盧本作「質家言天命己使己誅無道」。

❷「夏」，原作「憂」，今據盧本改。

之。《尚書》曰：「命予惟恭行天之罰。」此所以言開自出伐有扈也。《王制》曰：「賜之弓矢，乃得專征伐。」犯王誅者也。

大夫將兵出，必不御者，欲盛其威，使士卒一意繫心也。故但聞將軍令，不聞君命也，明進退大夫也。❶《春秋傳》曰：「此受命于君，如伐齊則還何？大其不伐喪也。」「大夫以君命出，進退在大夫也。」

天子遣將軍必於廟何？示不敢自專也。獨於祖廟何？制法度者，祖也。《王制》曰：「受命于祖，受成於學。」此言於祖廟命遣之也。❷

王法年卅受兵何？❸重不絕人嗣也。師行不必勝，故須其有世嗣。年六十歸兵者何？不忍並鬬人父子也。《王制》曰：「六十不預服戎。」又曰：「八十一子不從政，九十家不從政，父母之喪，三年不從政，齊衰大功，三月不從政，廢疾非人不養者，一人不從政。」

古者師出不踰時者，爲怨思也。天道一時生，一時養。人者，天之貴物也，踰時則內有怨女，外有曠夫。《詩》云：「昔我往矣，楊柳依依；今我來思，雨雪霏霏。」《春秋》曰：「宋人取長葛。」《傳》曰：「外取邑不書，此何以書？久也。」

❶「退」下，盧本有「在」字。
❷「之」下，盧本有「義」字。
❸「卅」，原作「此」，今據盧本改。

王者有三年之喪，夷狄有内侵，伐之者，重天誅，爲宗廟社稷也。《春秋傳》曰：「天王居于狄泉。」《傳》曰：「此未三年，其稱天王何？著有天子也。」

## 誅伐

誅不避親戚何？所以尊君卑臣，强幹弱枝，明善惡善惡之義也。❶《春秋傳》曰：「季子煞其母兄，何善？示誅不避母兄，君臣之義。」《尚書》曰「肆朕誕以爾東征」，誅弟也。

諸侯有三年之喪，有罪且不誅何？君子恕己，哀孝子之思慕，不忍加刑罰。《春秋》曰：「晉士丐帥師侵齊，至穀，聞齊侯卒，乃旋。」《傳》曰：「大其不伐喪也。」

諸侯之義，非天子之命，不得動衆起兵誅不義者，所以强幹弱枝，尊天子，卑諸侯。《論語》曰：「天下有道，則禮樂征伐自天子出。天下無道，則禮樂征伐自諸侯出。」世無聖賢，方伯諸侯有相滅者，❷力能救者可也。❸《論語》曰：「陳恒弑其君，孔子沐浴而朝，請討之。」王者侯之子，篡弑其君而立，臣下得誅之者，廣討賊之義也。《春秋傳》曰：「臣弑君，臣不討賊，非臣也。」又曰：「蔡世子班弑其君，楚子誅之。」

---

❶「善惡善惡」，盧本作「善善惡惡」。
❷「世無聖賢方伯」，盧本作「上無天子，下無方伯」。
❸「力能救者可也」，盧本作「力能救之，則救之可也」。

王者受命而起，諸侯有臣弑君而立，當誅君身死，子不得繼者，以其逆，無所天也。❶《詩》云：「毋封靡于爾邦，惟王其崇之。」此言追誅大罪也。或盜天子土地，自立爲諸侯，絶之而已。父煞其子當誅何？以爲天地之性人爲貴，人皆天所生也，託父母氣而生耳。王者以養長而教之，故父不得專也。《春秋傳》曰：「晉侯煞世子申生。」不出蔡。❷

佞人當誅何？爲其亂善行，傾覆國政。《韓詩内傳》：「孔子爲魯司寇，先誅少正卯，謂佞道已行，亂國政也。佞道未行章明，遠之而已。」《論語》曰：「放鄭聲，遠佞人。」

子得爲父報讎者，臣子於君父，其義一也。忠臣孝子所以不能已，以恩義不可奪也。故曰：「父之讎不與共天下，兄弟之讎不與共國，朋友之讎不與同朝，族人之讎不共鄰。」故《春秋傳》曰：「子不復讎非子。」《檀弓》記子夏問曰：「居兄弟之讎如之何？仕不與同國，銜君命遇之不鬭。」父母以義見煞，子不復讎者，爲往來不止也。《春秋》曰：「父不受誅，子復讎，可。」

誅，猶責也，誅其人，責其罪，極其過惡。《春秋》曰：「楚子虔誘蔡侯班煞之于申。」❸《傳》曰：「誅君之子不立。」討者何謂？討猶除也，欲言臣當掃除君之賊。《春秋》曰：「衛人煞州吁于濮。」《傳》曰：「其稱人

❶「天」，盧本作「承」。

❷「不出蔡」，盧本據《公羊傳》作「直稱君者，甚之也」。

❸「虔」，原作「虎」，今據盧本及《春秋》改。

何？討賊之辭也。」伐者何謂？伐，擊也，欲言伐擊之也。《尚書》曰：❶「武王伐紂。」征者何謂也？征猶正也，欲言其正也，輕重從辭也。「誕以爾東征」，誅禄甫也。又曰：「甲戌，我惟征徐戎。」戰者何謂？《尚書大傳》曰：「戰者，憚警之也。」《春秋讖》曰：「戰者，延改也。」弒者，試也，欲言臣子殺其君父，不敢卒，候間司事，可稍稍弒之。《易》曰：「臣弒其君，子弒其父，非一朝一夕之故也。」篡者何謂也？篡猶奪也，取也，欲言庶奪嫡，孽奪宗，引奪取其位。《春秋傳》曰：「其入何？篡辭也。稍稍煞之。」襲者何謂也？行不假途，掩人不備也。《春秋傳》曰：「其謂之秦何？夷狄之也。曷爲夷狄之？秦伯將襲鄭。」入國掩人不備，行不假途，人銜枚，❷馬繮勒，晝伏夜行爲襲也。諸侯家國，人人家，宜告主人，所以尊敬，防并兼也。《春秋傳》曰：「桓公假途于陳而伐楚。」《禮》曰：「使次介先假途，❸用束帛。」即如是，諸侯賣王者道，禮無往不反，非謂所賣者也。將入人國，先使大夫執幣假道，主人亦遣大夫迎於郊，爲賓主設禮而待之，是其相尊敬也。防并兼奈何？諸侯之行，必有師旅，恐掩人不備。士卒斂取恒遲，先假途，則預備之矣。

冬至所以休兵不舉事，閉關商旅不行何？此日陽氣微弱，王者承天理物，故率天下静，不復行役，扶助微氣，成萬物也。故《孝經讖》曰：「夏至陰氣始動，冬至陽氣始萌。」《易》曰：「先王以至日閉關，商旅不行。」

---

❶「書」下，盧本補「叙」字。

❷「枚」，原作「杖」，今據盧本改。

❸「介」，原作「斤」，今據盧本及《儀禮》改。

夏至陰始起，反大熱何？陰氣始起，陽氣推而上，故大熱也。冬至陽始起，陰氣推而上，故大寒也。

## 諫　諍

臣所以有諫君之義何？盡忠納誠也。「愛之能無勞乎？忠焉能無誨乎？」《孝經》曰：「天子有諍臣七人，雖無道不失其天下；諸侯有諍臣五人，雖無道不失其國；大夫有諍臣三人，雖無道不失其家；士有諍友，則身不離於令名；父有諍子，則身不陷於不義。」天子置左輔、右弼、前凝、後承，以順。左輔主修政，刺不法。右弼主糺周言失傾。前凝主糺度定德經。後承主匡正常，考變。夫四弼興道，率主行仁。夫陽變於七，以三成，故建三公，序四諍，列七人。雖無道不失天下，杖辟賢也。

諸侯諍不從得去何？以屈尊申卑，孤惡君也。去曰「某質性頑鈍，言愚不任用，請退避賢」。如是之，是待以禮，臣待放；如不以禮待，遂去。君待之以禮奈何？曰：「予熟思夫子言，未得其道，今子不且留。聖王之制，無塞賢之路，夫子欲何之？」則遣大夫送至于郊。必三諫者何？以爲得君臣之義。必得於郊者，忠厚之至也。冀君覺悟能用之。所以必三年，古者臣下有大喪，君三年不呼其門，❶所以復君恩。今已所言，不合於禮義，君欲罪之可得也。《援神契》曰：「三諫，待放復二千，❷盡惓惓也。」所以言放者，臣爲君

❶「三」，原作「子」，今據盧本改。

❷「二千」，盧本作「三年」。

諱，若言有罪放之也。所諫事已行者，遂去不留。凡待放，冀君用其言耳。事已行篡，各去無爲留也。《易》曰：「介如石，不終日，貞吉。」《論語》曰：「三日不朝，孔子行。」臣待於郊者，君絶其禄者，示不欲去也，道不合耳。禄參三與之一，留與其妻長子，使終祭宗廟。賜之環則反，賜之玦則去，明君子重恥也。《王度記》曰：「反之以玦。」其不待放者，亦與之物，明有介主無介民也。《詩》曰：「逝將去汝，適彼樂土。」或曰：天子之臣，不得言放，天子以天下爲家也。親屬諫不待放者，骨肉無相去離之義也。《春秋傳》曰：「司馬子反曰：❶『請處乎此，臣請歸。』」子反者，楚公子也，時不待放。

士不得諫者，士賤，不得預政事，故不得諫也。謀及之，得固盡其忠耳。《禮·保傅》：「大夫進諫，士傳民語。」

妻得諫夫者，夫婦榮耻共之。《詩》云：「相鼠有體，人而無禮。人而無禮，胡不遄死？」此妻諫夫之詩也。諫不從，不得去之者，本娶妻非爲諫正也。故「一與齊，終身不改」，此地無去天之義也。❷

子諫父不去者，父子一體而分，無相離之法，猶火去木而滅也。《論語》「事父母幾諫」，下言「又敬不違」。臣之諫君何取法？法金正木也。子之諫父，法火以揉木也。臣諫君以義，故折正之也。子諫父以恩，故但揉之也，木無毁傷也。待放去，取法於水火，無金則相離也。

---

❶ 「子反」，原作「皮」，今據盧本及《公羊傳》改。下同。

❷ 「天」，原作「夫」，今據盧本改。

諫者何？諫，間也，因也，更也。是非相間，革更其行也。人懷五常，故有五諫，謂諷諫、順諫、窺諫、指諫、伯諫。諷者，智也。患禍之萌，深睹其事，未彰而諷告，此智性也。順諫者，仁也。出辭遜順，不逆君心。仁之性也。窺諫者，禮也。視君顏色不悦，且却，悦則復前，以禮進退。此禮之性也。指諫者，信也。指質相其事也，此信之性也。伯諫者，義也。惻隱發於中，直言國之害，勵志忘生，爲君不避喪身。義之性也。孔子曰：「諫有五，吾從諷之諫。」事君進思盡忠，退思補過，去而不訕，諫而不露。故《曲禮》曰：「爲人臣，不顯諫。」❶纖微未見於外，如《詩》所刺也。若過惡已著，民蒙毒螫，天見災變，事白異露，作詩以刺之，幸其覺悟也。

明王所以立諫諍者，皆爲重民而求己失也。《禮·保傅》曰：「於是立進善之旍，懸誹謗之木，建招諫之鼓。」王法立史記事者，以爲臣下之儀樣，人之所取法則也。動則當應禮，是以必有記過之史，徹膳之宰。《禮·玉藻》曰：「動則左史書之，言則右史書之。」《禮·保傅》曰：「王失度，則史書之，士誦之，三公進讀之，宰夫徹其膳。」是以天子不得爲非。故史之義不書則死，宰不徹膳亦死。所以謂之史何？明王者使爲之也。謂之宰何？宰，制也。使制法度也。宰所以徹膳何？陰陽不調，五穀不熟，故王者爲不盡味而食之。《禮》曰：「一穀不升，不備鷄鶩。二穀不升，不備三牲。」人臣之義，當掩惡揚美，所以記君過何？各有所緣也。掩惡者，謂廣德宣禮之臣。

❶「諫」，原作「者」，今據盧本及《禮記》改。

所以爲君隱惡何？君至尊，故設輔弼，置諫官，本不當有遺失。故《論語》曰：「陳司敗問：『昭公知禮乎？』孔子曰：『知禮。』」此爲君隱也。君所以不爲臣隱何？以爲君之於臣，「無適無莫，義之與比」。賞一善而衆臣勸，罰一惡而衆臣懼。若爲卑隱，爲不可殆也。故《尚書》曰：「必力賞罰，以定厥功。」諸侯臣對天子，亦爲隱乎？然本諸侯之臣，今來者爲聘問天子無恙，非爲告君之惡來也。故《孝經》曰：「將順其美，匡救其惡。故上下治能相親也。」❶君不爲臣隱，父獨爲子隱何？以爲父子一體而分，榮耻相及。故《論語》曰：「父爲子隱，子爲父隱，直在其中矣。」兄弟相爲隱乎？曰：然。與父子同義。故周公誅四國，常以禄甫爲主也。朋友相爲隱者，人本接朋結友，爲欲立身揚名也。朋友之道四焉，通財不在其中。近則正之，遠則稱之，樂則思之，患則死之。夫妻相爲隱乎？《傳》曰：「曾去妻，黎蒸不熟。」問曰：婦有七出，不蒸亦預乎？曰：吾聞之也，絶交令可友，弃妻令可嫁也。黎蒸不熟而已，何問其故乎？此爲隱之也。

## 鄉射

天子所以以親射何？❷助陽氣達萬物也。春氣微弱，❸恐物有窒塞不能自達者。夫射自内發外，貫堅

---

❶「治」字，盧本無。

❷「子」，原脱，今據小字本、盧本補。「以」，小字本、盧本不重。

❸「氣」上，盧本有「陽」字。

入剛，象物之生，故以射達之也。

《含文嘉》曰：「天子射熊，諸侯射麋，大夫射虎豹，士射鹿豕。」天子所以射熊何？示服猛、巧佞也。熊爲獸猛。巧者，非但當服猛也，示當服天下巧佞之臣也。諸侯射麋者，示達迷惑人也。麋之言迷也。大夫射虎豹者，示服猛也。士射鹿豕者，示除害也。各取德所能服也。大夫、士兩射者，人臣，示爲君親視事，身勞苦也。或曰：臣陰，故數偶也。候者以布爲之何？用人事之始也。本正則末正矣。所以名爲候何？明諸侯有不朝者，則射之。故《禮》射祝曰：「嗟爾不寧候，爾不朝于王所，以故天下失業，亢而射爾。」所以不射正身何？君子重同類，不忍射之，故畫獸而射之。

射主何爲乎？❶曰：射義非一也。夫射者，執弓堅固，心平體正，然後中也。二人爭勝，樂以德養也。勝負俱降，以崇禮讓，可以選士。故射選士大夫勝者，發近而制遠也。其兵短而害長也，故可以戒難也。所以必因射助陽選士者，所以扶助微弱而抑其强，和調陰陽戒不虞也。何以知爲戒難也？《詩》云：「四矢反兮，以禦亂兮。」因射習禮樂，射於堂上何？示從上制下也。《禮》曰：「賓主執弓請升，射於兩楹之間。」天子射百二十步，諸侯九十步，大夫七十步，士五十步。明尊者所服遠也，卑者所服近也。

所以十月行鄉飲酒之禮何？所復尊卑長幼之義。春夏事急，俊井次牆，❷至有子使父，弟使兄，故以

---

❶ 「主」，盧本作「正」。

❷ 「俊」，小字本、盧本作「浚」。

事閑暇，復長幼之序也。

王者父事三老，兄事五更者何？欲陳孝悌之德以示天下也。故雖天子必有尊也，言有父也；必有先也，言有兄也。天子臨辟雍，親袒割牲，❶尊三老，父象也。竭忠奉几杖，授安車濡輪，❷恭綏執授，兄事五更，寵接禮交加，客謙敬順貌也。《禮記·祭義》曰：「祀于明堂，所以教諸侯之孝也。享三老、五更于太學者，所以諸侯悌也。」不正言父兄，言老、更者何？❸老者，壽考也，欲言所令者多也。更者，更也，所更歷者衆也。即如是，不但言老言三何？欲言其明於天地人之道而老也。五更者，欲言其明於五行之道而更事也。三老、五更幾人乎？曰：各一人。何以知之？既以父事，父一而已，不宜有三。

## 致　仕

臣七十，懸車致仕者，臣以執事趨走爲職，七十陽道極，耳目不聰明，跂踦之屬，是以退去，避賢者，所以長廉耻也。懸車，示不用也。致仕者，致其事於君，君不使自去者，❹尊賢者也。故《曲禮》：「大夫七十而致

---

❶「袒」，原作「祖」，今據小字本、盧本改。

❷「濡」，盧本作「輭」。

❸「老」，原作「五」，今據盧本及下文改。

❹「使」下，盧本有「退而」二字。

仕。」《王制》曰：「七十致政。」鄉大夫老，有盛德者留，賜之几杖，不備之以筋力之禮。在家者三分其禄，以一與之，所以厚賢也。人年七十，卧非人不温，適四方，乘安車，與婦人俱，自稱曰老夫。《曲禮》曰：「大夫致仕，若不得謝，則必賜之几杖。」《王記》曰：「臣致仕於君者，養之以其禄之半。」几杖所以扶助衰也。故《王制》曰：「五十杖於家，六十杖於鄉，七十杖於國，八十杖於朝。」臣老歸，年九十，君欲有問，則就其室，以珍從，明尊賢也。故《禮・祭義》曰：「八十不仕朝，於君問就之。」大夫老歸，死以大夫禮葬，車馬衣服如之何？曰：盡如故也。

## 辟雍

古者所以年十五入太學何？以爲八歲毁齒，始有識知，入學學書計。七八十五，陰陽備，故十五成童志明，入太學，學經術。學之爲言覺也，悟所不知也。❶故學以治性，慮以變情。故「玉不琢不成器，人不學不知道」。子夏曰：「百工居肆以致其事，君子學以致其道。」故《禮》曰：「十年曰幼，學。」《論語》曰：「吾十有五而志於學，三十而立。」又：「生而知之者，上也。學而知之者，次也。」是以雖有自然之性，必立師傅焉。《論語讖》曰：「五帝立師，三王制之。」《傳》曰：「黄帝師力牧，帝顓頊師緑圖，帝嚳師赤松子，帝堯師務成子，帝舜師尹壽，禹師國先生，湯師伊尹，文王師吕望，武王師尚父，周公師虢叔，孔子師老聃。」天子太子、諸侯

❶「悟」上，盧本有「以覺」二字。

世子，皆就師於外，尊師重先生之道也。《禮》曰：「有來學者，無往教者也。」《易》曰：「匪我求童蒙，童蒙求我。」《王制》曰：「小學在公宮南之左，太學在郊。」又曰：「天子太子，❶群后之太子，公卿大夫之元士嫡子，皆造焉。」

父所以不自教子何？爲世瀆也。❷又授之道當極説陰陽夫婦變化之事，不可父子相教也。

師弟子之道有三。《論語》曰「朋友自遠方來」，朋友之道也。又曰「回也視予猶父也」，父子之道。以君臣之義教之，君臣之道也。

天子立辟雍何？所以行禮樂，宣德化也。辟者，璧也。象璧圓，又以法天。於雍水側，❸象教化流行也。辟之爲言積也，積天下之道德也；雍之爲言壅也，壅天下之殘賊。❹故謂之辟雍也。《王制》曰：「天子曰辟雍，諸侯曰泮宮。」外圓者，欲使觀之平均也。又欲言外圓內方，明德當圓，行當方也。不言圓辟何？又圓於辟，何以知其圓也？以其言辟也。何以知有外也？❺又《詩》云：「思樂泮水，薄采其芹。」《詩訓》曰：「水圓如璧。」諸侯曰泮宮者，半於天子宮也，明尊卑有差，所化少也。半者，象璜也，獨南面禮儀之方有

---

❶「天子太子」至「造焉」，盧本及《禮記》作「王太子、王子、群后之太子、公卿大夫元士之嫡子，皆造焉」。

❷「世」，盧本作「渫」。

❸「於雍水側」，盧本作「雍者，雍之以水」。

❹「殘賊」，盧本作「儀則」。

❺「外」，盧本作「水」。

水耳，其餘壅之。言垣宫，名之别尊卑也，明不得化四方也。不曰泮雍何？嫌但半天子制度也。《詩》云：「穆穆魯侯，克明其德。既作泮宫，淮夷攸服。」

鄉曰庠，里曰序。庠者，庠禮義也；序者，序長幼也。《禮·五帝記》曰：「帝庠序之學，則父子有親，長幼有序，善如爾舍，明令必次外，然後前民者也。未見於仁，故立庠序以導之也。」教民者，皆里中之老而有道德者爲右師，教里中之子弟以道藝、孝悌、行義。立五帝之德，朝則坐於里之門，弟子皆出就農而復罷；示如之，❶皆入而復罷。其有出入不時，早晏不節，有過，故使語之，言心無由生也。若既收藏，皆入教學，立春而就事。❷其有賢才美質，如學者足以聞其心；❸頑鈍之民，亦足以别於禽獸而知人倫，故無不教之民。孔子曰「以不教民戰，是謂弃之」，明無不教民也。

天子所以有靈臺者何？所以考天人之心，察陰陽之會，揆星度之證驗，❹爲萬物獲福無方之元。《詩》云：「經始靈臺。」天子立明堂者，所以通神靈，感天地，正四時，出教化，宗有德，重有道，顯有能，褒有行者也。明堂上圓下方，八窗四闥，布政之宫，在國之陽。上圓法天，下方法地，八窗象八風，四闥法四時，九室

---

❶「示」，盧本作「夕亦」。

❷「立春而就事」，盧本移於上「五帝之德」下。

❸「如」，盧本作「知」。「聞」，盧本作「開」。

❹「度」，小字本、盧本作「辰」。

法九州，十二坐法十二月，三十六户法三十六雨，❶七十二牖法七十二風。

## 災變

天所以有災變何？所以譴告人君，覺悟其行，欲令悔過修德，深思慮也。《援神契》曰：「行有玷缺，氣逆于天，情感變出，以戒人也。」

災異者，何謂也？《春秋潛潭巴》曰：「災之言傷也，隨事而誅。異之言怪，先感動之也。」何以言災有哭也？《春秋》曰：「新宫火，三日哭。」《傳》曰：「必三日哭何？禮也。」災三日哭，所以然者，宗廟先禮所處，❷鬼神無形體，曰今忽得天火，得無爲災所中乎？故哭也。變者何謂？變者，非常也。《耀嘉》曰：「禹將受位，天意大變，❸迅風靡木，雷雨晝冥。」服乘者，❹何謂？衣服乍大乍小，言語非常，故《尚書大傳》曰「時則有服乘」也。❺孽者，何謂也？曰：介蟲生爲非常，《尚書大傳》曰：「時則有介蟲之孽，時則有龜孽。」堯遭洪水，湯遭大旱，示有譴告乎？堯遭洪水，湯遭大旱，命運時然。所以或災變或異何？各隨其行，因

❶「法」字，原脱；「雨」，原作「兩」。今據盧本及《後漢書·祭祀志》改。
❷「禮」，盧本作「祖」。
❸「大」，原作「火」，今據盧本改。
❹「服乘」，盧本作「妖」。
❺「乘」，盧本作「妖」。

其事也。

霜之爲言亡也，陽以散亡。❶ 雹之爲言合也，陰氣專精，積合爲雹。

日食者必殺之何？ 陰侵陽也，鼓用牲于社。 社者，衆陰之主，以朱絲縈之，鳴鼓攻之，以陽責陰也。 故《春秋》曰：「日食，鼓用牲于社。」所以必用牲者，社，地別神也。 尊之，故不敢虚責也。 日食、大水，則鼓於用牲於社，大旱則雩祭求雨，❷非苟虚也。 勑陽責下求陰道也。 月食救之者，陰失明也。 故角尾交、日月食救之者，謂夫人擊鏡，孺人擊杖，❸庶人之妻楔搔。

## 耕桑

王者所以親耕，后親桑何？ 以率天下農蠶也。 天子親耕以供郊廟之祭，后之親桑以供祭服。《祭義》曰：「天子三推，三公五推，卿大夫士七推。」耕於東郊何？ 東方少陽，農事始起。 桑於西郊，❹西方少陰，女功所成。 故《曾子問》曰：「天子耕東田而三反之。」《周官》曰：「后親桑，率外内婦蠶於北郊。」《禮・祭義》曰

---

❶「亡」，原作「云」，今據小字本、盧本改。

❷「雩」，原作「雲」；「求」，原作「未」。 今據盧本改。

❸「孺」，原作「傳」，今據盧本改。

❹「郊」下，盧本有「何」字。

「古者天子、諸侯必有公桑蠶室，近川而爲之築宮，❶棘牆而外閉之」者也。

❶「川而」，原作「外水」；「宮」，原作「周」。今據盧本及《禮記》改。

# 白虎通德論卷第五

臣班固纂集

## 封禪

王者易姓而起，必升封泰山何？教告之義也。❶始受命之時，改制應天，天下太平功成，封禪以告太平也。所以必於泰山何？萬物所交代之處也。❷必於其上何？因高告高，順其類也。故升封者，增高也。下禪梁甫之山基，廣厚也。刻石紀號者，著己之功跡也，以自效放也。天以高爲尊，地以厚爲德。故增泰山之高以放天，❸附梁甫之基以報地。明天地之所命，功成事遂，有益於天地，若高者加高，厚者加厚矣。或曰：封者金泥銀繩。或曰：石泥金繩，封以印璽。故孔子曰：「升泰山，觀易姓之王，可得而數者七十有餘。」封者，廣也。言禪者，明以成功相傳也。梁甫者，太山旁山名。正於梁甫何？以三皇禪於繹繹之山，

❶「教」，盧本作「報」。
❷此句，盧本作「萬物之始，交代之處也」。
❸「放」，盧本作「報」。

明己成功而去，有德者居之。繹繹者，無窮之意也。五帝禪于亭亭者，制度審諟，德著明也。三王禪于梁甫之山者，梁，信也；甫，輔也，輔天地之道而行之也。太平乃封，知告于天，必也於岱宗何？明知易姓也。刻石紀號，知自紀于百王也。燎祭天，報之義也。望祭山川，祀群神也。《詩》云：「於皇明周，陟其高山。」言周太平封太山也。又曰：「墮山喬嶽，允猶翕河。」言望祭山川，百神來歸也。

天下太平，符瑞所以來至者，以爲王者承統理，調和陰陽，陰陽和，萬物序，休氣充塞，故符瑞並臻，皆應德而至。德至天，則斗極明，日月光，甘露降。德至地，則嘉禾生，蓂莢起，秬鬯出，太平感。德至文表，則景星見，五緯順軌。德至草木，朱草生，木連理。德至鳥獸，則鳳凰翔，鸞鳥舞，騏驎臻，白虎到，狐九尾，白雉降，白鹿見，白烏下。德至山陵，則景雲出，芝實茂，陵出異丹，❶阜出蓮甫，❷山出器車，澤出神鼎。德至淵泉，則黄龍見，醴泉通，❸河出龍圖，洛出龜書，江出大貝，海出明珠。德至八方，則祥風至，佳氣時喜，鐘律調，音度施，四夷化，越裳貢。孝道至，則以蓮甫者，❹樹名也。其葉大於門扇，不搖自扇，於飲食清涼，助供養也。繼嗣平明，則賓連生於房户。賓連者，木名，連累相承，故在於房户，象繼嗣也。日曆得其分度，則蓂

❶「異」，盧本作「黑」。
❷「蓮甫」，盧本作「萐莆」。下同，不再一一出校。
❸「通」，盧本作「涌」。
❹「則以蓮甫者」，盧本作「則萐莆生庖厨。萐莆者」。

莢生於階間。❶蓂莢，樹名也，月一日生一莢，十五日畢，至十六日去莢，故莢階生，似日月也。賢不肖位不相踰，❷則平路生于庭。平路者，樹名也，官位得其人則生，失其人則死。狐九尾何？狐死首丘，不忘本也，明安不忘危也。必九尾者也，九妃得其所，子孫繁息也。於尾者何？明後當盛也。景星者，大星也，月或不見，景星常見，可以夜作，有益於人民也。甘露者，美露也，降則物無不盛者也。朱草者，赤草也，可以染絳，別尊卑也。醴泉者，美泉也，狀若醴酒，可以養老。嘉禾者，大禾也。成王時，有三苗異畝而生，同爲一穟，大幾盈車，長幾充箱，民有得而上之者，成王訪周公而問之。公曰：「三苗爲一穟，天下當和爲一乎？」以是果有越裳氏重九譯而來矣。

## 巡狩

王者所以巡狩者何？巡者，循也；狩，牧也：爲天下循行守牧民也。道德太平，恐遠近不同化，幽隱有不得所，❸考禮義，正法度，同律曆，計時月，皆爲民也。《尚書》曰：「遂覲東后，叶時月正日，同律度量衡，修五禮。」《尚書大傳》曰：「見諸侯，問百年，太師陳詩，以觀民命風俗。命市納賈，以觀民好惡。山川神祇有

---

❶「蓂」下，原有「以」字，今據盧本及下文刪。
❷「賢不肖」上，盧本有「王者使」三字。
❸「所」下，盧本有「者故必親自行之謹敬重民之至也」。

不舉者爲不敬，不敬者削以地。宗廟有不順者爲不孝，不孝者黜以爵。變禮易樂爲不從，不從君流。改制度衣服爲畔，畔者君討。有功者賞之。」《尚書》曰：「明試以功，車服以庸。」

巡狩所以四時出何？當承宗廟，故不踰時也。以夏之仲月者，同律度當得其中也。二月、八月晝夜分，五月、十一月陰陽終。《尚書》曰：「二月東巡狩，至于岱宗，柴」，「五月南巡狩，至于南岳」，「八月西巡狩，至于西岳」，「十有一月朔巡狩，至于北岳」。

所以五歲巡狩何？❶爲太煩也。過五年，爲太踈也。因天道時有所生，歲有所成。三歲一閏，天道小備；五歲再閏，天道大備。故五歲一巡狩。三年小備，二伯出述職黜陟。一年物有終始，歲有所成，方伯行國。時有所生，諸侯行邑。《傳》曰：「周公入爲三公，出爲二伯，中分天下，出黜陟。」《詩》曰：「周公東征，四國是皇。」言東征述職，周公黜陟而天下皆正也。又曰：「蔽芾甘棠，勿剪勿伐，召伯所茇。」言邵公述職，親説舍於野樹之下也。《春秋穀梁傳》曰：「古之君民，以時視民之勤。」

巡狩祭天何？本巡狩爲祭天告至。《尚書》曰「東巡狩，至于岱宗，柴」也。王者出，必告廟何？孝子出辭反面，事死如事生。《尚書》：「歸假于祖禰。」《曾子問》曰：「王者諸侯出，稱告祖禰，使祝遍告五廟，尊親也。」王者將出告天者，示不專也。故《王制》曰：「類于上帝，宜乎社，造于禰。」類祭以祖配不？曰：接者

---

❶ 「五」，盧本據《王制》正義改作「不」。

尊，無二禮，尊尊之義。造于禰，獨見禰何？辭從卑，不復留尊者之命，❶至禰不謙不至祖。即祭告天，爲告事也。祖爲出辭也。義異。告于尊者，然後乃辭出。王者諸侯出，必將主何？示有所尊。故曾子曰：「王者將出，必以遷廟主行，載于齋車，示有尊也。」「無遷主，以幣帛主告于祖禰廟，❷遂奉以出，每舍奠焉。」「蓋貴命也。」必以遷主者，明廟不可空也。

王者巡狩，諸侯待于境者何？諸侯以守蕃爲職也。《禮·祭義》曰「天子巡狩，諸侯待于境」也。

王者巡狩，必舍諸侯祖廟何？明尊無二上也。故《禮·坊記》曰：「君適其臣，升自阼階，示不敢有其室也。」《禮》曰：「天子適諸侯，必舍其祖廟。」

王者出，一公以其屬守，二公以其屬從也。

王者巡狩崩于道，歸葬何？夫太子當爲喪主，天下皆來奔喪京師四方之中也。即如是，舜葬蒼梧，禹葬會稽，于時尚質，故死則止葬，不重煩擾也。

何以知太平乃巡狩？以武王不巡狩，至成王乃巡狩。

岳者，何謂也？岳之爲言桷，❸桷功德。東方爲岱宗者，言萬物更相代於東方也。南方霍山者，霍之

---

❶「復」，盧本作「敢」。

❷「主」，盧本作「皮圭」。

❸「桷」，盧本作「捔」，下「桷功德」同。

爲言護也，言萬物護也，太陽用事，護養萬物也。西方爲華山者，華之爲言穫也，言萬物成熟，可得穫也。北方爲恒山，恒者，常也，萬物伏藏於北方有常也。中央爲嵩山，言其後大之也。❶ 故《尚書大傳》曰：「五岳，謂岱山、霍山、華山、恒山、嵩山也。」謂之瀆何？瀆者，濁也。中國垢濁，發源東注海，其功着大，故稱瀆也。《爾雅》云「江、河、淮、濟爲四瀆」也。

## 考黜

諸侯所以考黜何？王者所以勉賢抑惡，重民之至也。《尚書》曰：「三載考績，三考黜陟。」《禮》記九錫，❷車馬，衣服，樂，❸朱户，納陛，虎賁，鈇鉞，弓矢，秬鬯，皆隨其德，可行而賜。❹ 能安民者賜車馬，❺能富民者賜衣服，❻能使民和樂者賜以樂，民衆多者賜以朱户，能進善者賜以納陛，能退惡者賜以虎賁，能誅有罪者賜以鈇鉞，能征不義者賜以弓矢，孝道備者賜以秬鬯。以先後與施行之次自不相踰，相爲

---

❶「後」，盧本作「高」。「之」，盧本無。
❷「記」，盧本作「説」。
❸「樂」下，盧本補「則」字。
❹「賜」，原無，今據小字本、盧本補。
❺「能安民者」，原在「賜車馬」之下，今據盧本及下文乙正。
❻「能富民者」，原脱，今據盧本及下文補。

本末然。安民然後富貴，而後樂，樂而後衆，乃多賢，賢乃能進善，進善乃能退惡，退惡乃能斷刑。內能正己，外能正人，內外行備，孝道乃生。能安民，故賜車馬，以著其功德，安其身。能使人富足衣食，倉廩實，故賜衣服，以彰其體。能使民和樂，故賜之樂，以事其先也。《禮》曰：「夫賜樂者，不得以時王之樂事其宗廟也。」朱盛色，户所以紀民數也，故民衆多賜朱户也。古者人君下賢，降階一等而禮之，故進賢賜之納陛，以優之也。既能進善，當能戒惡，故賜虎賁，虎賁者，所以戒不虞而距惡。距惡當斷刑，故賜之鈇鉞，鈇鉞所以斷大刑。刑罰既中，則能征不義，故賜弓矢，弓矢所以征不義，伐無道也。圭瓚、秬鬯，宗廟之盛禮，故孝道備而賜之秬鬯，所以極著孝道；孝道純備，故內和外榮，玉以象德，金以配情，芬香條鬯，以通神靈。玉飾其本，君子之性；金飾其中，君子之道，君子有黄中通理之道美素德。金者精和之至也，玉者德美之至也，鬯者芬香之至也。君子有玉瓚、秬鬯者，❶以配道德也。其至矣，合天下之極美，以通其志也，其唯玉瓚、秬鬯乎？車者，謂有赤有青之蓋，朱輪，特能居前，左右寢米庶也。以其進止有節，德綏民，路車乘馬以安其身。言成章，行成規，卷龍之衣服表顯其德。長於教誨，內懷至仁，則賜時王樂以化其民。尊賢達德，動作有禮，賜之納陛以安其體。居處修治，房內節，男女時配，貴賤有別，則賜朱户以明其德。列威武有矜，嚴仁堅强，賜以虎賁，以備非常。喜怒有節，誅伐刑，賜以鈇鉞，使得專殺。好惡無私，執義不傾，賜以弓矢，使得專征。孝道之美，百行之本也，故賜以玉瓚，得專爲賜也。故《王制》曰：「賜之弓矢，然後專殺。」又曰：「賜圭瓚，然

---

❶「者」上，原有「乎車」二字，今據盧本删。

後爲暢。未賜者，資暢於天子。」《王度記》曰：「天子鬯，諸侯薰，大夫芑蘭，士蒹，庶人艾。」車馬、衣服、樂三等者賜與其物。《禮》：「天子賜侯氏服車，❶路先設，路下四亞之。」❷又曰：「諸公奉篋服。」❸《王制》曰：「天子賜諸侯樂則，以柷將之。」《詩》曰：「君子來朝，何錫與之？雖無與之，路車、乘馬。又何以與之？玄衮及黼。」《書》曰：「明試以功，車服以庸。」朱户、納陛、虎賁者，皆與之制度，而鈇鉞、弓矢、玉瓚，皆與之物，各因其宜也。秬者，黑黍，一稃二米。鬯者，以百草之香鬱金合而釀之成爲鬯，陽達於牆屋，入于淵泉，所以灌地降神也。玉瓚者，器名也，所以灌鬯之器也，以圭飾其柄，灌鬯貴玉器也。

所以三歲一考績何？三年有成，故於是賞有功，黜不肖。《尚書》曰：「三載考績，三考黜陟。」何以知始考輒黜之？《尚書》曰：「三年一考，少黜以地。」《書》所言「三考黜」者，謂爵土異也。小國考之有功，增土進爵，後考無功削黜，後考有功，上而賜之矣。五十里不過五賜而進爵土，七十里不過七賜而進爵土。能有小大，行有進退也。一説，盛德始封百里者，賜三等，得征伐，專殺，斷獄。七十里伯始封，賜二等，至虎賁百人。後有功，賜弓矢。復有功，賜秬鬯，增爵爲侯，益土百里。復有功，入爲三公。五十里子男始封，賜一等，至樂。復有功，稍賜至虎賁，增爵爲伯。復有功，稍賜至秬鬯，增爵爲侯。未賜鈇鉞者，從大國連率方伯

---

❶「侯氏」，原作「諸侯民」，今據盧本及《儀禮》改。
❷「亞」，原作「惡」，今據小字本、盧本及《儀禮》改。
❸「篋」，原作「選」，今據盧本及《儀禮》改。

而斷獄。受命之王，❶致太平之主，美群臣上下之功，故盡封之。及中興征伐，大功皆封，所以著大功。盛德之士亦封之，所以尊有德也。以德封者，必試之，必附庸三年，有功，因而封五十里。元士有功者，亦爲附庸，世其位。大夫有功成封五十里，卿功成封七十里，公功成封百里。士有功德，遷爲大夫。大夫有功德，遷爲卿。卿有功德，遷爲公。故爵主有德，封主有功也。諸侯有九賜，習其賜者何？子之能否未可知也。或曰得之，但未得行其習以專也。三年有功，則皆得用之矣。二考無功，則削其地，而賜自并知，❷明本非其身所得也。身得之者得以賜，當稍黜之。爵所以封賢也。三公功成當封而死，得立其子爲附庸，賢者之體，能有一也，不二矣。一削爲七十里侯，再削爲七十里伯，三削爲寄公。七十里伯，一削爲五十里伯，再削爲五十里子，❸三削地盡。五十里子，一削爲三十里子，再削爲三十里男，三削地盡。五十里男，一削爲三十里男，再削爲三十里附庸，三削爵盡。所以至三削何？禮成於三，三而不改，❹雖反無益也。《尚書》曰：「三考黜陟。」先削地、後黜爵者何？爵者，尊號也；地者，人所任也。今不能治廣土衆民，故先削其土地也。故《王制》曰：「宗廟有不順者，君黜以爵。山川神祇有不舉者，君削以地。」明爵土不相隨也。或曰：惡

❶「王」，原作「五」，今據盧本改。
❷「知」，盧本校云：「知疑當作之。」
❸「再」，原作「一」，小字本作「二」，今據盧本及上下文例改。
❹「三」，原重，今據盧本删。

人貪狼重土，故先削其所重者以懼之也。諸侯始封，爵土相隨者何？君子重德薄刑，賞疑從重。《詩》云：「王曰叔父，❶建爾元子，俾侯于魯。」

君幼稚，唯考不黜者何？君子不備責童子也。禮，八十曰耄，九十曰悼。悼與耄，雖有罪不加刑焉。

二王後不貶黜者何？尊賓客，重先王也。以其尚公也，❷罪惡足以絶之即絶，更立其次。周公誅禄甫，立微子。妻父母不削，己昆弟削而不黜何？非以賢能得之也。至於老小，但令得大夫受其罪而已。諸侯喑聾、跛躄、惡疾不免黜者何？尊人君也。《春秋》曰：「甲戌己丑，陳侯鮑卒。」《傳》曰：「甲戌之日亡，己丑之死而得。」有狂易之病，蜚亡而死，由不絶也。世子有惡疾廢者何？以其不可承先祖也。故《春秋傳》曰：「兄弟何以不立？疾也。何疾？惡疾也。」

---

❶「王」，原作「三」，今據小字本、盧本及《毛詩》改。

❷「尚」，原作「當」，今據盧本改。

# 白虎通德論卷第六

臣班固纂集

## 王者不臣

王者所以不臣三，何也？謂二王之後，❶妻之父母，夷狄也。不臣二王之後者，尊先王，通天下之三統也。《詩》云「有客有客，亦白其馬」，謂微子朝周也。《尚書》曰「虞賓在位」，不臣丹朱也。不臣妻父母何？妻者與己一體，恭承宗廟，欲得其歡心，上承先祖，下繼萬世，傳於無窮，故不臣也。《春秋》曰：「紀季姜歸于京師。」父母之於子，雖爲王后，尊不加於父母。加王何？❷王者不臣也。又譏宋三世内娶於國中，❸謂無臣也。夷狄者，與中國絶域異俗，非中和氣所生，非禮義所能化，故不臣也。《春秋傳》曰：「夷狄相誘，君子不疾。」《尚書大傳》曰：「正朔所不加，即君子所不臣也。」

❶「二」，原作「三」，今據盧本及下文改。
❷「加王何」，盧本作「知」。
❸「又」，原作「人」，今據盧本改。

王者有暫不臣者五，謂祭尸，受授之師，將師用兵，三老，五更。不臣祭尸者，方與尊者配也。不臣受授之師者，尊師重道，欲使極陳天人之意也。故《禮·學記》曰：「當其爲師，則不臣也。當其爲尸，則不臣也。」不臣將師用兵者，重士衆爲敵國，國不可從外治，兵不可從内御，欲成其威，一其令。《春秋》之義，兵不稱使，明不可臣也。不臣三老、五更者，欲率天下爲人子弟。《禮》曰：「父事三老，兄事五更。」

王者不純臣諸侯何？尊重之，以其列土傳子孫，世世稱君，南面而治。凡不臣異。❶朝則迎之於著，覲則待之於阼階，升降自西階，爲庭燎，設九賓，享禮而後歸。是異於衆臣也。

始封之君，不臣諸父弟何？不忍以己一日之功德加於諸父兄弟也。故《禮·服傳》曰：「封君之子不臣諸父，封君之孫盡臣之。」

《禮·服傳》曰：「子得爲父臣者，不遺善之義也。」《詩》云：「文武受命，召公維翰。」❷召公，文王子也。《傳》曰：「子不得爲父臣者，閨門尚和，朝廷尚敬，人不能無過失，爲恩傷義也。」

王者臣不得爲諸侯臣，以其尊當與諸侯同。《春秋傳》曰：「許公不世，待以初。」或曰：王者臣得復爲諸侯臣者，爲衰世主上不明，賢者非其罪而去，道不施行，百姓不得其所，復令得爲諸侯臣，施行其道。《易》曰：「不事王侯。」此據言王之致仕臣也。言不事王可知。復言侯者，明年少，復得仕於諸侯也。

---

❶ 此句，盧本作「凡不臣者，異於衆臣也」。

❷ 「維」，原作「雖」，今據小字本、盧本及《毛詩》改。

王者臣有不名者五：先王老臣不名，親與先王戮力共治國，同功於天下，故尊而不名也。《尚書》曰「咨爾伯」，不言名也。不名者，貴賢者而已。共成先祖功德，德加于百姓者也。《春秋》曰單父不言名，《傳》曰：「大夫之命于天子者大也。」❶盛德之士名，尊賢也。《春秋》曰：「公弟叔肸。」諸父諸兄不名。諸父諸兄者親，與己父兄有敵體之義也。《詩》云：「王曰叔父。」《春秋傳》曰：「王禮者何？❷無長之稱也。」不名盛德之士者，不可屈爵禄也。故《韓詩内傳》曰：「師臣者帝，交友受臣者王，❸臣臣者爵，❹魯臣者亡不行。」

## 蓍龜

天子下至士，皆有蓍龜者，重事决疑，示不自專。《尚書》曰：「女則有大疑，謀及卿士，謀及庶人，謀及卜筮。」「定天下之吉凶，成天下之亹亹者，莫善於蓍龜。」《禮·三正記》曰：「天子龜長一尺二寸，諸侯一尺，大夫八寸，士六寸。龜陰，故數偶也。天子蓍長九尺，諸侯七尺，大夫五尺，士三尺。蓍陽，故數奇也。」

❶「大夫」上，盧本有「吾」字。
❷「王禮者何無長之稱也」，盧本作「王札子何長庶之稱也」。
❸「交友受臣」，盧本作「友臣」。
❹「爵」，盧本作「霸」。

所以先謀及卿士何？先盡人事，念而不能得，思而不能知，然後問於蓍龜。聖人獨見先睹，必問蓍龜何？示不自專也。或曰：清微無端緒，非聖人所及，聖人亦疑之。《尚書》曰：「女則有疑。」謂武王也。

乾草枯骨，衆多非一，獨以蓍龜何？❶此天地之間壽考之物，故問之也。龜之爲言久也，蓍之爲言耆也，久長意也。龜曰卜，蓍曰筮何？卜，赴也，爆見兆。筮也者，信也，見其卦也。《尚書》：「卜三龜。」《禮·士冠》經曰：「筮于廟門外。」

筮畫卦所以必於廟何？託義歸智於先祖至尊，故因先祖而問之也。

卜，春秋何方？以爲於西方東面，蓋蓍之處也。卜時西嚮，已卜退東嚮，問蓍於東方西面，❷以少問老之義。

皮弁素積，求之於質也。《禮》曰：「皮弁素積，筮于廟門之外。」

或曰：天子占卜九人，諸侯七人，大夫五人，士三人。又《尚書》曰：「三人占，則從二人之言。」

不見吉凶于蓍，復以卜何？蓍者，陽道，多變，變乃成。

龜以荆火灼之何？❸《禮·雜記》曰：「龜，陰之老也。蓍，陽之老也。龍非水不處，龜非火不兆，以陽

---

❶「著」，原作「灼」，今據小字本、盧本改。

❷「西」，原脱，今據盧本補。

❸「荆」，原作「制」，今據盧本及下文改。

動陰也。」必以荆者，取其究音也。《禮·三正記》曰：「灼龜以荆。」以火動龜，不以水動蓍何？以爲嘔則是也。

蓍龜敗則埋之何？重之，不欲人襲尊者也。《周官》曰：「凡國之大事，先筮而後卜。」「凡卜人，君視體，大夫視色，士視墨。」「凡人卜事，視高揚火以作龜。」「凡取龜用秋時，攻龜用冬時。」

## 聖人

聖人者何？聖者，通也，道也，聲也。道無所不通，明無所不照，聞聲知情，與天地合德，日月合明，四時合序，鬼神合吉凶。《禮·别名記》曰：「五人曰茂，十人曰選，百人曰俊，千人曰英，倍英曰賢，萬人曰傑，萬傑曰聖。」

聖人未没時，寧知其聖乎？曰：知之。《論語》曰：「太宰問子貢曰：『夫子聖者歟？』」孔子曰：「太宰知我乎？」聖人亦自知聖乎？曰：知之。孔子曰：「文王既没，文不在兹乎。」

何以知帝王聖人也？《易》曰：「古者伏羲氏之王天下也，於是始作八卦。」又曰：「聖人之作《易》也。」又曰：「伏羲氏没，神農氏作」，「神農没，黄帝、堯、舜氏作」。文俱言「作」，明皆聖人也。《論語》曰：「聖乎？堯、舜其由病諸。」何以言禹、湯聖人？《論語》曰：「巍巍乎舜、禹之有天下而不預焉。」與舜比方巍巍，知禹、湯聖人。《春秋傳》曰：「湯以聖德故放桀。」何以言文王、武王、周公皆聖人？《詩》曰：「文王受命。」非聖不能受命。《易》曰：「湯、武革命，順乎天。」湯、武與文王比方。《孝經》曰：「則周公其人也。」下言「夫聖人之德，又何以加於孝乎」。何以言臯陶聖人也？以自篇「曰若稽古臯陶」。❶聖人而能爲舜陳道。「朕言惠可底行」，又「旁施象刑維明」。

又聖人皆有表異。❷《傳》曰：「伏羲禄衡連珠，❸唯大目鼻龍伏，❹作《易》八卦以應樞。」黄帝顔，得天匡陽，上法中宿，取象文昌。顓頊戴午，❺是謂清明，發節移度，蓋象招摇。帝嚳駢齒，上法月參，康度成紀，取理陰陽。堯眉八彩，是謂通明，曆象日月，璇璣玉衡。舜重瞳子，是謂玄景，❻上應攝提，以象三光。《禮》曰：「禹耳三漏，是謂大通，興利除害，决河疎江。臯陶鳥喙，❼是謂至誠，决獄明白，察於人情。湯臂三肘，是謂柳、翼，攘去不義，萬民蕃息。文王四乳，是謂至仁，天下所歸，百姓所親。武王望羊，是謂攝揚，盱目陳

❶「自」，盧本作「目」。
❷「表異」，盧本作「異表」。
❸「禄」上，盧本補「日」字。
❹「唯大目鼻龍伏」，盧本作「大目山准龍狀」。
❺「午」，盧本作「干」。
❻「玄景」，盧本作「滋涼」。
❼「鳥」，盧本作「馬」。

兵，天下富昌。周公背僂，是謂强俊，成就周道，輔於幼主。孔子反宇，是謂尼甫，立德澤所興，❶藏元通流。」聖人所以能獨見前覩，與神通精者，蓋皆天所生也。

## 八　風

風者，何謂也？風之爲言萌也。養物成功，所以象八卦。陽立於五，極於九，五九四十五日變，變以爲風，陰合陽以生風。距冬至四十五日條風至，條者，王也。四十五日明庶風至，明庶者，迎衆也。四十五日清明風至，清明者，清芒也。四十五日景風至，景，大風，陽氣長養。四十五日凉風至，凉，寒也，行陰氣也。四十五日昌盍風至，戒收藏也。❷四十五日不周風至，不周者，不交也，陰陽未合化也。四十五日廣莫風至，❸廣莫者，大也，同陽氣也。❹故曰：條風至，地暖。明庶風至，萬物産。清明風至，物形乾。景風至，棘造實。凉風至，黍禾乾。昌盍風至，生薺麥。不周風至，蟄蟲匿。廣莫風至，則萬物伏。是以王者承順之。條風至，則出輕刑，解稽留；明庶風至，則修封疆，理田疇；❺清明風至，出幣帛，使諸侯；景風至，則爵有

---

❶「立德澤所興」，盧本作「德澤所興」。

❷「戒」上，盧本有「昌盍者」三字，依文例當是。

❸「至」，原脱，今據小字本、盧本補。

❹「同」，盧本作「開」。

❺「理」，原作「埋」，今據小字本、盧本改。

德，封有功；涼風至，報地德，化四鄉；❶昌盍風至，則申象刑，飾囷倉；不周風至，則築宮室，修城郭；廣莫風至，則斷大辟，行獄刑。

## 商賈

商賈，何謂也？商之爲言商，❷其遠近，度其有亡，通四方之物，故謂之商也。賈之爲言固，固有其用物，❸以待民來，以求其利者也。行曰商，止曰賈。《易》曰：「先王以至日閉關，商旅不行，后不省方。」《論語》曰：「沽之哉，我待價者也。」即如是。《尚書》曰「肇牽車牛，遠服賈用」，方言「遠」，行可知也。方言「欽厥父母」，欲留供養之也。

---

❶「化」，盧本作「祀」。

❷下「商」字下，盧本有「也商」二字。

❸「有其」，盧本作「其有」。

# 白虎通德論卷第七

臣班固纂集

## 文質❶

王者始立，諸侯皆見何？當受法稟正教也。《尚書》「輯五瑞」，「覲四嶽」。謂舜始即位，見四方諸侯，合符信。《詩》云：「玄王桓撥，受小國是達，受大國是達。」言湯王天下，大小國諸侯皆來見，湯能通達以禮義也。《周頌》曰：「烈文辟公，錫兹祉福。」言武王伐紂定天下，諸侯來會，聚於京師受法度也。遠近莫不至，受命之君，天之所興，四方莫敢違，夷狄咸率服故也。

何謂五瑞？謂珪、璧、琮、璜、璋也。《禮》曰：「天子珪尺二寸。」又曰：「博三寸，剡上，寸半，❷厚半寸。

❶「文質」，盧本作「瑞贄」。

❷「寸半」上，盧本有「左右各」三字。

半珪爲璋，❶方中圓外曰璧，半璧曰璜，圓中牙外曰琮。」❷《禮記・王度》曰：❸「王者，有象君之德，燥不輕，濕不重，薄不澆，廉不傷，疵不掩。是以人君寶之。」天子之純玉，尺有二寸。公侯九寸，四玉一石也。伯、子、男俱三玉二石也。五玉者各何施？蓋以爲璜以徵召，璧以聘問，璋以發兵，珪以信質，琮以起土功之事也。珪以爲信者何？珪者，兑上，象物皆生見於上也。❹信莫著于作見，故以珪爲信，而見萬物之始莫不自潔。珪之爲言潔也，❺上兑，陽也；下方，陰也。陽尊，故其禮順備也。在位東方，陽見義於上也。璧以聘問何？璧者，方中圓外，象地，地道安寧而出財物，故以璧聘問也。方中，陰德方也。圓外，陰繫於陽也。陰德盛於内，故見象於内，位在中央。璧之爲言積也。中央故有天地之象，所以據用也。内方象地，外圓象天也。璜所以徵召何？璜者半璧，位在北方，北陰極而陽始起，故象半陰。陽氣始施，徵召萬物，故以徵召也。不象陽何？❻陽始物微，未可見。璜者，横也。質尊之命也，陽氣横于黄泉，故曰璜。璜之爲言光也，陽光所及，莫不動也。象君之威命所加，莫敢不從；陽之所施，無不節也。璋以發兵何？璋半珪，位在南

❶「半」，原作「爲」，今據盧本改。
❷「牙」下，原有「身玄」二字，今據盧本删。
❸「禮記王度」，盧本作「禮王度記」。
❹「皆」，盧本作「始」。
❺「潔」，盧本作「圭」。
❻「陽」，原作「陰」，今據盧本及下文改。

方。南方陽極，而陰始起，兵亦陰也，故以發兵也。不象其陰何？陰始起，物尚凝，未可象也。璋之爲言明也，賞罰之道，使臣之禮，當章明也。南方之時，萬物莫不章，故謂之璋。琮以起土功，發聚衆何？琮之爲言聖也，❶象萬物之宗聚，聖也，功之所成，故以起土功發衆也。位西方，西方陽，收功於内，陰出城於外，内圓象陽，外直爲陰，外牙而内湊，象聚會也。故謂之琮。后夫人之財也。五玉所施非一，不可勝條，略舉大者也。

合符信者，謂天子執瑁以朝諸侯，諸侯執圭以覲天子。瑁之爲言冒也，上有所覆，下有所冒。故《覲禮》曰：「侯氏執圭升堂。」《尚書大傳》曰：「天子執瑁以朝諸侯。」又曰：「諸侯執所受圭與璧，朝于天子。無過者復得其珪以歸其拜，有過者留其圭，能正行者復還其珪。三年珪不復，少絀以爵。」圭所以還何？以爲琮信瑞也。璧所以留者，以財幣盡，❷輒更造。何以言之？《禮》曰：「圭造尺八寸。」有造圭，明得造璧也。❸公圭九寸，四玉一石。何以知不以玉爲四器，石持爲也，以《尚書》合言「五玉」也。

臣見君所以有贄何？贄者，質也。質己之誠，致己之悃愊也。王者緣臣子心以爲之制，差其尊卑以副

---

❶「聖」，盧本作「宗」。

❷「幣」，原作「弊」，今據小字本、盧本改。

❸「明」，原作「門」，今據盧本改。

其意。公侯以玉爲贄者，玉取其燥不輕，濕不重，公之德全。卿以羔者，❶取其群不黨，卿職在盡忠率下，不阿黨也。大夫以鴈爲贄者，取其飛成行列，❷大夫職在以奉命之適四方，動作當能自正以事君也。士以雉爲贄者，取其不可誘之以食，懾之以威，必死不可生畜。士行威，❸守節死義，不當移轉也。《曲禮》曰：「卿羔，大夫以鴈，士以雉爲贄，庶人之贄疋。童子委贄而退。野外軍中無贄，以纓拾矢可也。」言必有贄也。疋謂鶩也。卿大夫贄古以麑鹿，今以羔鴈何？以爲古者質，取其內，謂得美草鳴相呼。今文取其外，謂羔跪乳，鴈有行列也。《禮·相見》經曰：「上大夫相見以羔，左顧右贄執麑。」❹明古以麑鹿，今以羔也。卿大夫贄變，君與士贄不變何？人君至尊，極美之物以爲贄。士賤，伏節死義，一介之道也，故不變。

私相見亦有贄何？所以相尊敬，長和睦也。朋友之際，五常之道，有通財之義，賑窮救急之意，❺中心好之，欲飲食之，故財幣者，所以副至意也。《禮·士相見》經曰「上大夫相見以鴈，士冬以雉，夏以腒」也。婦人之贄以棗栗腶脩者，❻婦人無專制之義，御衆之任，交接辭讓之禮，職在供養饋食之間，其義一也。

---

❶「卿」，原作「輕」，今據小字本及盧本改。
❷「列」上，盧本有「止成」二字。
❸「威」下，盧本補「介」字，校云：「《御覽》作耿介，疑是。」
❹「左顧右贄執麑」，盧本作「左頭如麛執之」。
❺「救」，原作「教」，今據盧本改。小字本作「告」。
❻「贄」，原作「制」，今據小字本、盧本改。「腶」，原作「暇」，今據盧本改。下同。

故后夫人以棗栗腶脩者，凡内脩陰也。又取其朝早起，栗，戰慄自正也。腶脩者，脯也。故《春秋傳》曰：「宗婦覿用幣，非禮也。然則棗栗云乎？腶脩云乎！」

子見父無贄何？至親也。見無時，故無贄。臣之事君，以義合也。得親供養，故質己之誠，副己之意，故有贄也。

## 三　正

王者受命必改朔何？明易姓，示不相襲也。明受之於天，不受之於人，所以變易民心，革其耳目，以助化也。故《喪服大傳》曰「王始起，改正朔，易服色，殊徽號，異器械，别衣服」也。是以舜、禹雖繼太平，猶宜改以應天。王者改作，樂必得天應而後作何？重改制也。《春秋瑞應傳》曰：「敬受瑞應，而王改正朔，易服色。」《易》曰：「湯、武革命，順乎天而應乎民也。」

文家先改正，質家先伐正。❶質家先伐何？改正者文，伐者質。文者先其文，質者先其質。《論語》曰：「予小子履敢用玄牡，敢昭告于皇王后帝。」此湯伐桀告天以夏之牲也。《詩》云：「命此文王，于周于京。」此言文王改號爲周，易邑爲京也。又曰：「清酒既載，騂牡既備。」言文王之牲用騂，❷周尚赤也。

---

❶「伐」，原作「改」，今據盧本及下文改。

❷「用」，原作「周」，今據盧本改。

正朔有三何？本天有三統，謂三微之月也。明王者當奉順而成之，故受命各統一正也，敬始重本也。朔者，蘇也，革也，言萬物革更於是，故統焉。《禮·三正記》曰：「正朔三而改，文質再而復也。」三微者，何謂也？陽氣始施黃泉，萬物動微而未著也。十一月之時，陽氣始養根株黃泉之下，萬物皆赤，赤者，盛陽之氣也。故周爲天正，色尚赤也。十二月之時，萬物始牙而白，白者，陰氣，故殷爲地正，色尚白也。十三月之時，萬物始達，孚甲而出，❶皆黑，人得加功，故夏爲人正，❷色尚黑。《尚書大傳》曰：「夏以孟春月爲正，殷以季冬月爲正，周以仲冬月爲正。夏以十三月爲正，色尚黑，以平旦爲朔。殷以十二月爲正，色尚白，以雞鳴爲朔。周以十一月爲正，色尚赤，以夜半爲朔。不以二月後爲正者，萬物不齊，莫適所統，故必以三微之月也。三正之相承，若順連環也。」孔子承周之弊，行夏之時，❸知繼十一月正者，當用十三月也。

天道左旋，改正者右行，何也？改正者，非改天道也，但改日月耳。日月右行，故改正亦右行也。日尊於月，不言正日，言正月，何也？積日成月，物隨月而變，故據物爲正也。

天質地文，質者據質，文者據文。周反統天正何也？質文再而復，正朔三而改。三微質文，數不相配，故正不隨質文也。

---

❶「甲」，原作「由」，今據小字本、盧本改。
❷「正」，原作「王」，今據小字本、盧本改。
❸「時」，原作「陸」，今據小字本、盧本改。

王者受命而起，或有所不改者，何也？王者有改道之文，無改道之實。❶如君南面，臣北面，皮弁素積，聲味不可變，哀戚不可改，百世不易之道也。

王者所以存二王之後何也？所以尊先王，通天下之三統也。明天下非一家之有，謹敬謙讓之至也。故封之百里，使得服其正色，用其禮樂，永事先祖。《論語》曰：「夏禮吾能言之，杞不足徵也。殷禮吾能言之，宋不足徵也。」《春秋傳》曰：「王者存二王之後，使服其正色，行其禮樂。」《詩》曰：「厥作祼將，常服黼冔。」言微子服殷之冠，助祭於周也。《周頌》曰：「有客有客，亦白其馬。」此微子朝周也。二王之後，若有聖德受命而王，當因其改之耶，天下之所安得受命耶，非其運次者。

王者必一質一文何？以承天地，順陰陽。陽之道極，則陰道受；陰之道極，則陽道受。明二陰二陽不能相繼也。質法天，文法地而已。故天爲質，地受而化之，養而成之，故爲文。《尚書大傳》曰：「王者一質一文，據天地之道。」《禮·三正記》曰「質法天，文法地」也。帝王始起，先質後文者，順天下之道，本末之義，先後之序也。事莫不先有質性，乃後有文章也。

## 三　教

王者設三教何？承衰救弊，欲民反正道也。三正之有失，故立三教，以相指受。夏人之王教以忠，其

❶「實」，原作「質」，今據盧本及本書卷一「爵」文改。

失野，救野之失莫如敬。殷人之王教以敬，其失鬼，救鬼之失莫如文。周人之王教以文，其失薄，救薄之失莫如忠。繼周尚黑，制與夏同。三者如順連環，周則復始，❶窮則反本。

《樂稽燿嘉》曰：「顔回向三教變，虞、夏何如？」曰：「教者，所以追補敗政，靡弊溷濁，謂之治也。舜之承堯無爲易也。」或曰：三教改易，夏后氏始。高宗亦承弊，所以不改教何？明子無改父之道也。何言知高宗不改之？以周之教承以文也。三教所以先忠者，行之本也。三教一體而分，不可單行，顧王者行之有先後。❷何以言三教並施，不可單行也？以忠、敬、文無可去者也。

教所以三何？法天、地、人。内忠，外敬，文飾之，故三而備也。即法天地人各何施？忠法人，敬法地，文法天。人道主忠，人以至道教人，忠之至也，人以忠教，故忠爲人教也。地道謙卑，天之所生，地敬養之，以敬爲地教也。

教者，何謂也？教者，効也。上爲之，下効之。民有質朴，不教不成。故《孝經》曰：「先王見教之可以化民。」《論語》曰：「不教民戰，是謂弃之。」《尚書》曰：「以教祗德。」《詩》云：「爾之教矣，欲民斯効。」

忠形於悃誠故失野，敬形於祭祀故失鬼，文形於飾皃故失薄。

夏后氏用明器，殷人用祭器，周人兼用之，何謂？曰：夏后氏教以忠，故先明器，以奪孝子之心也。殷

---

❶「則」，小字本作「而」。

❷「顧」，盧本作「故」。

人教以敬，故先祭器，敬之至也。周人教以文，故兼用之，周人意至文也。孔子曰：「之死而致死之，不仁而不可爲也。之死而致生之，不知而不可爲也。」故有死道焉，以奪孝子之心也。有生道焉，使人勿倍也。「故竹器不成用，木器不成斲，瓦器不成沫，琴瑟張而不平，竽笙備而不和，有鍾磬而無簨簴」，縣示備物而不可用也。孔子曰：「爲明器者善，爲俑者不仁。」「塗車芻靈，自古有之」，言今古皆然也。

## 三綱六紀

三綱者，何謂也？謂君臣、父子、夫婦也。六紀者，謂諸父、兄弟、族人、諸舅、師長、朋友也。故「君爲臣綱，夫爲妻綱」。又曰：「敬諸父兄，六紀道行，諸舅有義，族人有序，昆弟有親，師長有尊，朋友有舊。」何謂綱紀？綱者，張也；紀者，理也。大者爲綱，小者爲紀，所以强理上下，❶整齊人道也。人皆懷五常之性，有親愛之心，是以紀綱爲化，若羅網之有紀綱而萬目張也。《詩》云：「亹亹我王，綱紀四方。」

君臣、父子、夫婦，六人也。所以稱三綱何？一陰一陽謂之道，陽得陰而成，陰得陽而序，剛柔相配，故六人爲三綱。

三綱法天、地、人，六紀法六合。君臣法天，取象日月屈信，歸功天也。父子法地，取象五行轉相生也。

❶「强」，盧本作「張」。

夫婦法人，取象人合陰陽，❶有施化端也。

六紀，爲三綱之紀者也。師長，君臣之紀也，以其皆成己也。諸父、兄弟，父子之紀也，以其有親恩連也。諸舅、朋友，夫婦之紀也，以其皆有同志爲己助也。❷

君臣者，何謂也？君，群也，下之所歸心；臣者，纏堅也，屬志自堅固。《春秋傳》曰「君處此，臣請歸」也。父子者，何謂也？父者，矩也，以法度教子；子者，孳孳無已也。故《孝經》曰：「父有争子，則身不陷於不義。」夫婦者，何謂也？夫者，扶也，以道扶接也；婦者，服也，以禮屈服。《昏禮》曰：「夫親脱婦之纓。」《傳》曰：「夫婦判合也。」朋友者，何謂也？朋者，黨也；友者，有也。《禮記》曰：「同門曰朋，同志曰友。」朋友之交，近則謗其言，遠則不相訕。一人有善，其心好之；一人有惡，其心痛之。貨則通而不計，共憂患而相救，生不屬，死不託。故《論語》曰：「子路云：『願車馬衣輕裘與朋友共敝之。』」又曰：「朋友無所歸，生於我乎，❸死於我乎殯。」朋友之道，親存不得行者二：不得許友以其身，不得專通財之恩。友飢，則白之於父兄，父兄許之，乃稱父兄與之，不聽即止。故曰：友飢爲之減飡，友寒爲之不重裘。❹故《論語》曰「有父兄

---

❶「人」，原作「六」，今據盧本改。

❷「己」，原作「紀」，今據盧本改。

❸「乎」下，盧本有「館」字。

❹「友」，原作「大」，今據小字本、盧本改。

在，如之何其聞斯行之」也。

男稱兄弟，女稱姊妹何？男女異姓，故别其稱也。何以言之？《禮·親屬記》曰：「男子先生稱兄，後生稱弟。女子先生爲姊，後生爲妹。」父之昆弟不俱謂之世叔，父之女昆弟俱謂之姑，何也？以爲諸父曰内，親也，故别稱之也。姑當外適人，疏，故總言之也。至姊妹亦當外適人，所以别諸姊妹何？以爲事諸姑禮等，可以外出又同，故稱略也。至姊妹雖欲有略之，姊尊妹卑，其禮異也。《詩》云：「問我諸姑，遂及伯姊。」謂之舅姑何？舅者，舊也；姑者，故也。舊故之者，老人之稱也。謂之姊妹何？姊者，恣也；妹者，末也。謂之兄弟何？兄者，况也，况父法也；弟者，悌也，心順行篤也。稱夫之父母謂之舅姑何？尊如父而非父者，舅也；親如母而非母者，姑也。故稱夫之父母爲舅姑也。

# 白虎通德論卷第八

臣班固纂集

## 情性

情性者，何謂也？性者陽之施，情者陰之化也。人稟陰陽氣而生，故内懷五性六情。情者，静也；性者，生也。此人所稟六氣以生者也。故《鉤命決》曰：「情生於陰，欲以時念也；性生於陽，以理也。陽氣者仁，陰氣者貪，故情有利欲，性有仁也。」

五常者何謂？❶仁、義、禮、智、信也。仁者，不忍也，施生愛人也。義者，宜也，斷決得中也。禮者，履也，履道成文也。智者，知也，獨見前聞，不惑於事，見微者也。信者，誠也，專一不移也。故人生而應八卦之體，得五氣以爲常，仁、義、禮、智、信是也。六情者，何謂也？喜、怒、哀、樂、愛、惡謂六情，所以扶成五性。性所以五，情所以六者何？人本含六律五行氣而生，故内有五藏六府，此情性之所由出入也。《樂動聲儀》曰：「官有六府，人有五藏。」

---

❶「常」，盧本作「性」。

五藏者，何也？謂肝、心、肺、腎、脾也。肝之爲言干也。肺之爲言費也，情動得序。心之爲言任也，任於恩也。腎之爲言寫也，以竅寫也。脾之爲言辨也，所以積精稟氣也。五藏，肝仁，肺義，心禮，腎智，脾信也。肝所以仁者何？肝，木之精也，仁者好生，東方者陽也，萬物始生，故肝象木，色青而有枝葉。目爲之候何？目能出淚，而不能内物；木亦能出枝葉，不能有所内也。肺所以義者何？肺者，金之精，義者斷決，西方亦金，成萬物也。故肺象金，色白也。鼻爲之候何？鼻出入氣，高而有竅。山亦有金石累積，亦有孔穴，出雲布雨，以潤天下，雨則雲消。鼻能出納氣也。心所以爲禮何？心，火之精也，南方尊陽在上，卑陰在下，禮有尊卑，故心象火，色赤而鋭也。人有道尊天，本在上，故心下鋭也。耳爲之候何？耳能遍内外，别音語，火照有似於禮，上下分明。腎所以智何？腎者水之精，智者進止無所疑惑，❶水亦進而不惑。北方水，故腎色黑，水陰，故腎雙。竅爲之候何？竅能瀉水，亦能流濡。脾所以信何？脾者，土之精也，土尚任養，萬物爲之象，生物無所私，信之至也。故脾象土，色黄也。口爲之候何？口能啖嘗，舌能知味，亦能出音聲，吐滋液。故《元命苞》曰：「目者肝之使，肝者木之精，蒼龍之位也。鼻者肺之使，肺者金之精，制割立斷。耳者心之候，心者火之精，上爲張星。陰者腎之寫，腎者水之精，上爲虚危。口者脾之門户，脾者土之精，上爲北斗。主變化者也。」或曰：口者心之候，耳者腎之候。或曰：肝繫於目，肺繫於鼻，心繫於口，

❶「止」上，原有「而」，今據盧本删。

脾繫於舌，腎繫於耳。六府者，何謂也？謂大腸、小腸、胃、膀胱、三焦、膽也。府者，爲藏宮府也。❶故《禮運》記曰：「六情，所以扶成五性也。」胃者，脾之府也，脾主稟氣；胃者，穀之委也，故脾稟氣也。膀胱者，腎之府也，腎者主瀉，膀胱常能有熱，故先決難也。三焦者，包絡府也，水穀之道路，氣之所終始也，故上焦若竅，中焦若編，下焦若瀆。膽者，肝之府也。肝者，木之精也，主仁，仁者不忍，故以膽斷也。是以肝、膽二者必有勇也。❷肝膽異趣，何以知相爲府也？肝者，木之精也，木之爲言牧也，人怒無不色青目脈張者，是其効也。小腸、大腸，心肺府也，主禮義，禮義者有分理，腸之大小相承受也。腸爲心肺主，心爲皮體主，故爲兩府也。目爲心視，口爲心談，耳爲心聽，鼻爲心嗅，是其支體主也。

喜在西方，怒在東方，好在北方，惡在南方，哀在下，樂在上何？以西方萬物之成，故喜；東方萬物之生，故怒；北方陽氣始施，故好；南方陰氣始起，故惡。上多樂，下多哀也。

魂魄者何謂？魂猶伝伝也，行不休於外也，❸主於情。魄者，迫然著人，主於性也。❹魂者，芸也，情以除穢。魄者，白也，性以治內。

---

❶「藏」上，盧本有「五」字。

❷「肝膽二」，盧本作「仁」。

❸「行不休於外也」，盧本據《御覽》增作「行不休也。少陽之氣，故動不息，於人爲外」。

❹「主」上，盧本據《御覽》增「此少陰之氣，象金石著人不移」十二字。

精神者，何謂也？精者静也，太陰施化之氣也，象水之化，❶任生也；❷神者恍惚，太陽之氣也，❸出入無間，❹總云支體，萬化之本也。

## 壽　命

命者，何謂也？人之壽也，天命已使生者也。命有三科以記驗：有壽命以保度，有遭命以遇暴，有隨命以應行習。

壽命者，上命也，若言「文王受命唯中身，享國五十年」。隨命者，隨行爲命，若言「怠弃三正，天用勦絶其命」矣。又欲使民務仁立義，闕無滔天。❺滔天則司命舉過言，則用以弊之。遭命者，逢世殘賤，若上逢亂君，下必災變，暴至，夭絶人命，沙鹿崩于受邑是也。冉伯牛危言正行，而遭惡疾，孔子曰：「命矣夫，斯人也而有斯疾也。」

夫子過鄭，與弟子相失，獨立郭門外。或謂子貢曰：「東門有一人，其頭似堯，其頸似皋繇，其肩似子

❶「水」，原作「火」，今據盧本改。

❷「任生」上，盧本有「須待」二字。

❸「陽」，原作「陰」，今據盧本改。

❹「出入無」，原脱，今據盧本補。

❺「闕」，小字本作「閏」，盧本删。

産，然自腰以下，不及禹三寸，儡儡如喪家之狗。」子貢以告孔子，孔子喟然而笑曰：「形狀末也。如喪家之狗，然哉乎，然哉乎！」

## 宗族

宗者，何謂也？宗，尊也。爲先祖主也，宗人之所尊也。《禮》曰：「宗人將有事，族人皆待。」聖者所以必有宗，❶何也？所以長和睦也。大宗能率小宗，小宗能率群弟，通於有無，所以紀理族人者也。宗其爲始祖後者爲大宗，此百世之所宗也。宗其爲高祖後者，五世而遷者也。高祖遷於上，❷宗則易於下。宗其爲曾祖後者爲曾祖宗，宗其爲祖後者爲祖宗，宗其爲父後者爲父宗。以上至高祖宗，❸皆爲小宗，以其轉遷，别於大宗也。别子者，自爲其子孫爲祖，繼别也各自爲宗，❹小宗有四，大宗有一，凡有五宗，人之親所以備矣。諸侯奪宗，明尊者宜之。大夫不得奪宗何？曰：諸侯世世傳子孫，故奪宗。大夫不傳子孫，故不宗也。《喪服》經曰「大夫爲宗子」，不言諸侯爲宗子也。

---

❶「聖」，盧本作「古」。
❷「高」，盧本作「故曰」。
❸「以上」上，盧本補「父宗」二字。
❹「也」，盧本作「者」。

族者，何也？族者，湊也，聚也，謂恩愛相流湊也。生相親愛，[1]死相哀痛，有會聚之道，故謂之族。《尚書》曰：「以親九族。」族所以九何？九之爲言究也，親踈恩愛究竟也，謂父族四，母族三，妻族二。父族四者，謂父之姓一族也，父女昆弟適人有子爲二族也，身女昆弟適人有子爲三族也，身女子適人有子爲四族也。母族三者，母之父母一族也，母之昆弟二族也，母昆弟子三族也。母昆弟者男女皆在外親，故合言之。妻族二者，妻之父爲一族，妻之母爲二族。妻之親略，故父母各一族。《禮》曰：「惟氏三族之不虞。」《尚書》曰：「以親九族。」義同也。一説，合言九族者，欲明堯時俱三也。禮所以獨父族四何？欲言周承二弊之後，民人皆厚於末，故興禮母族妻之黨，廢禮母族父之族，足以貶妻族以附父族也。[2]或言九者，據有交接之恩也。若「邢侯之姊，[3]覃公惟私」也。言四者，據有服耳，不相害所異也。

## 姓名

人所以有姓者何？所以崇恩愛，厚親親，遠禽獸，别婚姻也。故世别類，使生相愛，死相哀，同姓不得相娶，皆爲重人倫也。姓，生也，人所稟天氣所以生者也。《詩》云：「天生烝民。」《尚書》曰：「平章百姓。」姓

---

[1] 「生」上，盧本有「上湊高祖，下至玄孫，一家有吉，百家聚之，合而爲親」二十字。

[2] 「足」，盧本作「是」，義優。

[3] 「邢」，原作「刑」，今據盧本及《毛詩》改。

所以有百何？以爲古者聖人吹律定姓，以記其族。人含五常而生，聲有五音，❶宫、商、角、徵、羽，轉而相雜，五五二十五，轉生四時，❷故百而異也。氣殊音悉備，故殊百也。

所以有氏者何？所以貴功德，賤伎力。或氏其官，或氏其事，聞其氏即可知其德，❸所以勉人爲善也。或氏王父字何？所以别諸侯之後，爲興滅國，繼絶世也。諸侯之子稱公子，公子之子稱公孫，公孫之子各以其王父字爲氏。故魯有仲、叔、❹季，楚有昭、屈、景，❺齊有高、國、崔。立氏三，以知其爲子孫也。王者之後，亦稱王子，❻兄弟立而皆封也。或曰：王孫上稱王孫也。❼「堯知命，❽表稷、契，賜生子姓。❾皋陶典

❶「聲有五音」，盧本作「正聲有五」。

❷「轉生」至「百也」，盧本作「轉生四時，異氣殊音悉備，故姓有百也」。

❸「德」，原脱，今據盧本補。

❹「叔」，原作「孫」，今據盧本改。

❺「景」，原作「原」，今據盧本改。

❻「亦」，原作「二」，今據盧本改。

❼此句，盧本作「王者之孫亦稱王孫也」。

❽「堯」上，盧本有「刑德放曰」四字。

❾「賜生子姓」，盧本作「賜姓子姫」。

刑,不表姓,言天任德遠刑。」禹姓姒氏,祖以億生。❶殷姓子氏,祖以玄鳥子也。❷周姓姬氏,祖以履大人跡生也。

人必有名何？所以吐情自紀,尊事人者也。《論語》曰：「名不正則言不順。」三月名之何？天道一時,物有變,人生三月,目煦亦能笑,❸與人相更答,故因其始有知而名之。故《禮·服傳》曰：「子生三月,則父名之於祖廟。」於祖廟者,謂子之親廟也,明當爲宗祖主也。一説,名之於燕寢。名者,幼少卑賤之稱也。寡略,❹故於燕寢。《禮·内則》曰：「子生,君沐浴朝服,夫人亦如之,立于阼階西南,世婦抱子升自西階,君命之士,適子執其右手,庶子撫其首。君曰『欽有師』。夫人曰『記有成』。告於四境。」四境者,所以遏絶萌牙,禁備未然。故《曾子問》曰：「世子生三月,以名告于祖禰。」《内則》記曰：「以名告于山川、社稷、四境。」天子太子,使士負子於南郊。」以桑弧蓬矢六射者,何也？此男子之事也。故先表其事,然後食其禄。必桑弧何？桑者,相逢接之道也。《保傅》曰：「太子生,❺舉之以禮,使士負之,有司齋肅端綅,❻之郊見于天。」

❶「祖以億生」,盧本作「祖昌意以薏苡生」。
❷「也」上,盧本有「生」字。
❸「笑」上,盧本有「咳」字。
❹「寡」,盧本作「質」。
❺「太」,原作「天」,今據盧本及《新書·保傅》改。
❻「有司」,原作「者何」,今據盧本改。小字本作「者司」。

《韓詩内傳》曰：「太子生，以桑弧蓬矢六，射上下四方。明當有事天地四方也。」殷以生日名子何？殷家質，故直以生日名子也。以《尚書》道殷家太甲、帝乙、❶武丁也。於臣民亦得以生日名子何？亦不止也，❷以《尚書》道殷臣有巫咸，有祖己也。何以知諸侯不象王者以生日名子也？以太王名亶甫，王季名歷，殷之諸侯也。《易》曰「帝乙」，謂成湯。「帝乙」，❸謂六代孫也。湯生於夏世，何以用甲乙爲名？曰：湯王後乃更變名，子孫法耳。本名履，故《論語》曰「予小子履」，履，湯名也。不以子丑何？曰：甲乙者，榦也。子丑者，枝也。榦爲本，本質，故以甲乙爲名也。名或兼或單何？示非一也。或聽其聲，以律定其名。或依事，旁其形。故名或兼或單也。依其事者，若后稷是也，弃之，因名之爲弃也。旁其形者，孔子首類魯國尼丘山，故名爲丘。或旁其名爲之字者，聞名即知其字，聞字即知其名，若名賜字子貢，名鯉字伯魚。《春秋》譏二名何？所以譏者，乃謂其無常者也。若乍爲名，禄甫元言武庚。名不以日月山川爲名者，少賤卑己之稱也。臣子當諱，爲物示通，故避之也。《曲禮》曰：「二名不偏諱。」逮事父母則諱王父母，不逮父母則不諱王父母也。君前不諱，《詩》、《書》不諱，臨文不諱，郊廟中不諱。」又曰：「君前臣名，父前子名。」謂大夫名卿，弟名兄也。明不敢諱於尊者前也。太古之時所不諱者何？尚質也。故臣子不言其君父之名。故《禮記》

❶「乙」，原脱，今據盧本補。
❷「亦」上，盧本有「不使」二字。
❸「帝乙」上，盧本有「書曰」二字。

曰：「朝日上值不諱正天名也。」人所以十月而生者何？人，天子之也。經天地之數五，故十月而備，乃成人也。人生所以泣何？❶本一幹而分，得氣異息，故泣重離母之義也。《尚書》曰「啓呱呱泣」也。人拜所以自名者何？所以泣號自紀。禮，拜自後，不自名何？備陰陽也。人所以相拜者何？所以表情見意，屈節卑體，尊事之者也。拜之言服也。所以必再拜何？法陰陽也。《尚書》曰「再拜稽首」也。必稽首何？敬之至也，頭至地。何以言首？謂頭也。《禮》曰：「首有瘍則沐。」所以先拜首，後稽首何？名順其文質也。《尚書》曰：「周公拜首稽首。」

人所以有字何？冠德明功，敬成人也。故《禮·士冠》經曰：「賓北面，字之曰伯某甫。」又曰：「冠而字之，敬其名也。」所以五十乃稱伯仲者，五十知天命，思慮定也。能順四時、長幼之序，故以伯仲號之。《禮·檀弓》曰：「幼名冠字，五十乃稱伯仲。」《論語》曰：「五十而知天命。」稱號所以有四何？法四時用事先後，長幼兄弟之象也。故以時長幼號曰伯、仲、叔、季也。伯者，長也。伯者，子最長，迫近父也。仲者，中也。叔者，少也。季者，幼也。適長稱伯，伯禽是也。庶長稱孟，以魯大夫孟氏。男女異長，各自有伯仲，法陰陽各自有終始也。《春秋傳》曰：「伯姬者何？内女稱也。」婦人十五稱伯仲何？婦人值少變，陰陽道促蚤成，❷十五通乎織紝之事，思慮定，故許嫁，笄而字。故《禮經》曰：「女子十五許嫁，笄。禮之，稱字之。」婦姓

❶「泣」，原作「位」，今據盧本及下文改。
❷「陽」字，盧本删。

以配字何？明不娶同姓也。故《春秋》曰：「伯姬歸于宋。」姬者，姓也。值字所以於仲春何？❶值者親，故近於仲。文子尊尊，故於伯仲之時物尚值，叔之時物失之，章即如是。

周有八士。《論語》曰：「伯達、伯适、仲突、仲忽、叔夜、叔夏、季隨、季騧。」積於叔何？蓋以兩兩俱生故也。不積於伯、季，明其無二也。文王十子，《詩傳》曰：「伯邑考，武王發，周公旦，管叔鮮，蔡叔鐸，成叔處，霍叔武，康叔封，南季載。」❷所以或上其叔，何也？管、蔡、霍、成、康、南皆采也，故上置叔上。伯邑叔震也，以獨無乎？蓋以爲大夫者不是采地也。

## 天地

天者，何也？天之爲言鎮也。居高理下，爲人鎮也。地者，易也。言養萬物懷任，交易變化也。始起之天，始起先有太初，後有太始，形兆既成，名曰太素。混沌相連，視之不見，聽之不聞，然後剖判，清濁既分，精出曜布，度物施生，精者爲三光，號者爲五行。行生情，情生汁中，汁中生神明，神明生道德，道德生文章。故《乾鑿度》曰：「太初者，氣之始也。太始者，形兆之始也。太素者，質之始也。陽唱陰和，男行女隨也。」

❶「值字所以於仲春何」至該文文末多有訛舛，盧本改訂頗多，可參看。

❷「載」，原重，今據盧本刪。

天道所以左旋，地道右周何？以爲天地動而不別，行而不離，所以左旋。右周者，猶君臣陰陽相對之義。

男女總名爲人，天地所以無總名何？曰：天圓地方不相類，故無總名也。

君舒臣疾，卑者宜勞，天所以反常行何？以爲陽不動無以行其教，陰不静無以成其化。雖終日乾乾，亦不離其處也。故《易》曰：「終日乾乾，反覆道也。」

## 日月

天左旋，日月五星右行何？日月五星，比天爲陰，故右行。右行者，猶臣對君也。《含文嘉》曰：「計日月右行也。」《刑德放》：「日月東行。」

而日行遲，月行疾何？君舒臣勞也。日日行一度，月日行十三度十九分度之七。《感精符》曰：「三綱之義，日爲君，月爲臣也。」日月所以懸晝夜者何？助天行化，照明下地。故《易》曰：「懸象著明，莫大乎日月。」

日之爲言實也，常滿有節。月之爲言闕也，有滿有闕也。所以有缺何？歸功於日也。八日成光，二八十六日轉而歸功晦，至朔旦受符復行。故《援神契》曰：「月三日成魄也。」所以名之爲星何？星者，精也，據日節言也。一日一夜，適行一度，一日夜爲一日，剩復分天爲三十六度，周天三百六十五度四分度之一，日月徑千里也。

所以必有晝夜何？備陰陽也。日照晝，月照夜。日所以有長短何？陰陽更相用事也。故夏節晝長，冬節夜長，夏日宿在東井，出寅入戌。冬日宿在牽牛，出辰入申。

月大小何？天道左旋，日月東行。日日行一度，月日行十三度。月及日爲一月，至二十九日，未及七度，即三十日者，過行七度，日不可分，故月乍大小，明有陰陽。故《春秋》曰：「九月庚戌朔，日有食之。」「十月庚辰朔，日有食之。」此三十日也。又曰：「七月甲子朔，日有食之。」「八月癸巳朔，日有食之。」此二十九日也。

月有閏餘何？周天三百六十五日度四分度之一，歲十二月，日過十二度，故三年一閏，五年再閏，明陰不足，陽有餘也。故《讖》曰：「閏者陽之餘。」

## 四時

所以名爲歲何？歲者，遂也。三百六十六日一周天，萬物畢死，故爲一歲也。《尚書》曰：「朞三百有六旬有六日，以閏月定四時成歲。」

春夏秋冬，時者，期也，陰陽消息之期也。四時天異名何？天尊，各據其盛者爲名也。春秋物變盛，冬夏氣變盛。春曰蒼天，夏曰昊天，秋曰旻天，冬爲上天。《爾雅》曰「一説：春爲蒼天」等是也。四時不隨正朔變何？以爲四時據物爲名，春當生，冬當終，皆以正爲時也。

或言歲，或言載，或言年何？言歲者以紀氣物，帝王共之，據日爲歲。❶《春秋》曰「元年正月」，❷「十有二月朔」。有朔有晦，知據月斷爲言年。載之言成也，載成萬物，終始言之也。二帝爲載，三王言年，皆謂闕閽。故《尚書》曰「三載，四海遏密八音」，謂二帝也。又曰「諒陰三年」，謂三王也。《春秋傳》曰「三年之喪，其實二十五月」。知闕閽。❸

日言夜，月言晦，月言朔，日言朝何？朔之言蘇也，明消更生，故言朔。日晝見夜藏，有朝夕，故言朝也。

## 衣裳

聖人所以制衣服何？以爲絺綌蔽形，表德勸善，别尊卑也。所以名爲裳何？衣者，隱也。裳者，鄣也。所以隱形自鄣閉也。《易》曰：「黄帝、堯、舜垂衣裳而天下治。」何以知上爲衣，下爲裳？以其先言衣也。《詩》曰「褰裳涉溱」，所以合爲衣也。《弟子職》言「摳衣而降」也。名爲衣何？上兼下也。

獨以羔裘何？取輕煖，因狐死首丘，明君子不忘本也。羔者，取跪乳遜順也。故天子狐白，諸侯狐黄，

❶ 「日」，原作「曰」，今據盧本改。

❷ 「春秋」上，盧本有「年者，仍也。年以紀事，據月言年」十二字。

❸ 「闕閽」，原作「闕閽」，今據盧本及上文改。

大夫蒼，士羔裘，亦因别尊卑也。

所以必有紳帶，示謹敬自約整。繢繒爲結於前，下垂三分，身半，紳居二焉。必有鞶帶者，示有事也。❶

所以必有佩者，《論語》曰：「去喪無所不佩。」天子佩白玉，諸侯佩山玄玉，大夫佩水蒼玉，士佩瑶珉石。佩即象其事。若農夫佩其耒耜，工匠佩其斧斤，婦人佩其鍼鏤。何以知婦人亦佩玉？《詩》云：「將翱將翔，佩玉將將。彼美孟姜，德音不忘。」

## 五刑

聖人治天下，必有刑罰何？所以佐德助治，順天之度也。故懸爵賞者，示有勸也。設刑罰者，明有所懼也。刑所以五何？法五行也。科條三千者，應天地人情也。五刑之屬三千，大辟之屬二百，宫辟之屬三百，腓辟之屬五百，劓、墨辟之屬各千，張布羅衆，非五刑不見。劓、墨何？其下刑者也。腓者，其臏。宫者，女子淫，執置宫中，不得出也。丈夫淫，割去其勢也。大辟者，謂死也。

刑不上大夫何？尊大夫。禮不下庶人，欲勉民使至於士。故禮爲有知制，刑爲無知設也。庶人雖有千金衣弊，❷不得服。刑不上大夫者，據禮無大夫刑。或曰：撻笞之刑也。禮不及庶人者，謂酬酢之禮也。

---

❶「有」下，盧本有「金革」二字。

❷「衣弊」，盧本作「之幣」，當是，小字本作「之弊」。

## 五經

孔子所以定五經者何？以爲孔子居周之末世，王道淩遲，禮義廢壞，强陵弱，衆暴寡，天子不敢誅，方伯不敢伐，閔道德之不行，故周流應聘，冀行其聖德。自衛反魯，自知不用，故追定五經，以行其道。故孔子曰「《書》曰『孝乎惟孝，友于兄弟，施於有政，是以爲政』」也。孔子未定五經如何？周衰道失，綱散紀亂，五教廢壞，故五常之經咸失其所，象《易》失理，則陰陽萬物失其性而乖，設法謗之言，並作《書》三千篇，作《詩》三百篇，而歌謠怨誹也。

已作《春秋》，後作《孝經》何？❶欲專制正。於《孝經》何？夫孝者，自天子下至庶人，上下通《孝經》者。夫制作禮樂，仁之本，聖人道德已備，弟子所以復記《論語》何？見夫子遭事異變，出之號令失法。❷

文王所以演《易》何？文王受王不率仁義之道，❸失爲人法矣。己之調和陰陽尚微，故演《易》，使我得卒至于太平日月之光明，則如《易》矣。

伏羲作八卦何？伏羲始王天下，未有前聖法度，故「仰則觀象於天，俯則察法於地，觀鳥獸之文與地之

❶ 「後」，盧本作「復」。
❷ 「失」，小字本作「之」，盧本作「足」。
❸ 「文王受王」，盧本作「商王受」。

宜，近取諸身，遠取諸物，❶於是始作八卦，以通神明之德，以象萬物之情也」。

經所以有五何？經，常也。有五常之道，故曰五經《樂》仁，《書》義，《禮》禮，《易》智，《詩》信也。人情有五性，懷五常不能自成，是以聖人象天五常之道而明之，以教人成其德也。

五經何謂？謂《易》、《尚書》、《詩》、《禮》、《春秋》也。《禮解》曰：「温柔寬厚，《詩》教也。疏通知遠，《書》教也。廣博易良，《樂》教也。潔净精微，《易》教也。恭儉莊敬，《禮》教也。屬辭比事，《春秋》教也。」

《春秋》何常也？則黄帝已來。何以言之？《易》曰：「上古結繩以治，後世聖人易之以書契，百官以理，萬民以察。」後世聖人者，謂五帝也。❷《傳》曰：「三王百世，計《神元書》、五帝之《受録圖》、《世史記從政》録帝魁已來，除《禮》、《樂》之書，三千二百四十篇也。」

---

❶「身遠取諸」，原脱，今據盧本及《周易》補。

❷「帝」，原作「常」，今據盧本改。

# 白虎通德論卷第九

臣班固纂集

## 嫁娶

人道所以有嫁娶何？以爲情性之大，莫若男女，男女之交，人情之始，❶莫若夫婦。《易》曰：「天地氤氳，萬物化淳；男女稱精，萬物化生。」人承天地施陰陽，故設嫁娶之禮者，重人倫，廣繼嗣也。《禮·保傅》記曰：「謹爲子嫁娶，必擇世有仁義者。」禮男娶女嫁何？陰卑，不得自專，就陽而成之。故《傳》曰：「陽倡陰和，男行女隨。」

男不自專娶，女不自專嫁，必由父母，須媒妁何？遠恥、防淫泆也。《詩》云：「娶妻如之何？必告父母。」又曰：「娶妻如之何？匪媒不得。」

男三十而娶，女二十而嫁，陽數奇，陰數偶。男長女幼者，陽舒陰促。男三十筋骨堅强，任爲人父；女

❶「情」，盧本作「倫」。

二十肌膚充盛，任爲人母。合爲五十，應大衍之數，生萬物也。故《禮·内則》曰：「男三十壯，❶有室；女二十壯，而嫁。」七，歲之陽也；八，歲陰也。七八十五，陰陽之數備，有相偶之志。故《禮記》曰：「女子十五許嫁，笄而字。禮之，稱字。」陰繫於陽，所以專一之節也。陽尊，無所繫。二十五繫者，就陰節也。陽舒而陰促，三十數三終奇，陽節也。二十數再終偶，陰節也。陽小成於陰，大成於陽，故二十而冠，三十而娶。陰小成於陽，大成於陰，故十五而笄，二十而嫁也。一說，《春秋穀梁傳》曰：「男二十五繫，女十五許嫁，感陰陽也。」陽數七，陰數八，男八歲毁齒，女七歲毁齒。陽數奇三，三八二十四，加一爲五，而繫心也。陰數偶，再成十四，四加一爲五，故十五許嫁也。各加一者，明專一繫心。所以繫心者何？防其淫佚也。

《禮》曰：「女子十五許嫁，納采，問名，納吉，請期，親迎，以鴈贄。納徵曰玄纁，❷故不用鴈。贄用鴈者，取其隨時南北，不失其節，明不奪女子之時也。又取飛成行，止成列也。明嫁娶之禮，長幼有序，不相踰越也。又婚禮贄不用死雉，故用鴈也。納徵玄纁、束帛、離皮。玄三法天，纁二法地也。陽奇陰偶，明陽道之大也。離皮者，兩皮也。以爲庭實，庭實偶也。《禮·昏》經曰：「納采、問名、納吉、請期、親迎皆用鴈，納徵：束帛、離皮。」納徵辭曰：「吾子有加命，貺室某也。有先人之禮，離皮、束帛，使某請納徵。」上「某」者，婿

❶「三」，原作「五」，今據盧本改。
❷「曰」，盧本作「用」。

名也。❶下次「某」者，使人名也。女之父曰：「吾子順先典，貺某重禮，某不敢辭，敢不承命。」納采辭曰：「吾子有惠貺，貺室某，某有先人之禮，使某也請納采。」對曰：「某之子惷愚，又不能教，吾子命之，某不敢辭。」

天子下至士，必親迎授綏者何？以陽下陰也。欲得其歡心，示親之心也。夫親迎，輪三周，❷下車曲顧者，防淫泆也。《詩》云：「文定厥祥，親迎于渭，造舟爲梁，不顯其光。」《禮·昏》經曰：「賓升北面奠鴈，再拜，拜手稽首降出，婦從房中也，從，降自西階，婿，❸御婦車，授綏。」

遣女於禰廟者，重先人之遺支體也，不敢自專，故告禰也。父母親戒女何？❹親親之至也。父曰：「誡之敬之，夙夜無違命。」女必有端繡衣，若笄之。母施襟結帨，曰：「勉之敬之，夙夜無違宫事。」父誡於阼階，母誡於西階，庶母及門内施鞶，祭紬以母之命，❺命曰：「敬恭聽爾父母言，夙夜無愆，視衿鞶祭。」❻去不辭，

---

❶「婿」，原作「聟」，今據盧本改。
❷「輪」上，盧本有「御」字。
❸「婿」，原作「揖」，今據盧本改。
❹「戒」，原作「男」，今據盧本改。
❺此句，盧本作「申之以父母之命」，當是。「紬」，小字本作「紳」。
❻「視衿鞶祭」，盧本作「視諸衿鞶」，當是。

誠不諾者，❶蓋恥之重去也。

《禮》曰：「嫁女之家，不絕火三日，相思離也。❷娶婦之家，三日不舉樂，思嗣親也。」感親年衰老代至也。《禮》曰：「婚禮不賀，人之序也。」

授綏，姆辭曰：「未教，未乞與爲禮也。」❸始親迎，於辭曰：❹「吾子命某以茲初昏，使某將請承命。」主人曰：「某故敬具以酒。」❺

父命醮子遣之迎，命曰：「往迎爾相，承我宗事，率以敬先妣之嗣，若則有常。」子曰：「諾，唯恐不堪，不敢忘命。」

娶妻不先告廟到者，示不必安也。婚禮請期，不敢必也。婦人三月然後祭行。舅姑既没，亦婦入三月，奠采于廟。三月一時，物有成者，人之善惡可得知也。然後可得事宗廟之禮。曾子曰：「女未廟見而死，歸葬于女氏之黨，示未成婦也。」

嫁娶必以春者，春，天地交通，萬物始生，陰陽交接之時也。《詩》云：「士如歸妻，迨冰未泮。」《周官》

---

❶「諾」，原作「誥」，今據盧本改。
❷「相思」，盧本作「思相」。
❸「未乞」，盧本作「不足」。
❹「於」，盧本作「擯者請」。
❺「酒」，盧本作「須」。

曰：「仲春之月，令會男女，❶令男三十娶，女二十嫁。」《夏小正》曰：「二月，冠子娶婦之時。」

夫有惡行，妻不得去者，地無去天之義也。夫雖有惡，不得去也。故《禮·郊特牲》曰：「一與之齊，終身不改。」悖逆人倫，殺妻父母，廢絶綱，亂之大者。義絶，乃得去也。

天子諸侯一娶九女何？重國廣繼嗣也。適九者何？❷法地有九州，承天之施，無所不生也。娶九女，亦足以成君施也。九而無子，百亦無益也。《王度記》曰：「天子一娶九女。」《春秋公羊傳》曰：「諸侯娶一國，則二國往媵之，以姪娣從之。姪者何？兄之子也。娣者何？女弟也。」或曰：天子娶十二女，法天有十二月，萬物必生也。必一娶何？防淫泆也。爲其棄德嗜色，故一娶而已。人君無再娶之義也。備姪娣從者，爲其必不相嫉妬也。一人有子，三人共之，若己生之。不娶兩娣何？博異氣也。❸娶三國女何？廣異類也。恐一國血脉相似，俱無子也。姪娣年雖少，猶從適人者，明人者，明人君無再娶之義也。還待年於父母之國，未任答君子也。《詩》云：「姪娣從之，祁祁如雲。韓侯顧之，爛其盈門。」《公羊傳》曰「叔姬歸于紀」，明待年也。二國來媵，誰爲尊者？大國爲尊。國等以德，德同以色。質家法天尊左，文家法地尊右。所以不聘妾何？人有子孫，欲尊之義，義不可永人以爲賤也。《春秋傳》曰：「二國來媵。」可求人爲

---

❶「令」，原作「合」，今據盧本及《周禮》改。

❷「九」，原作「也」，今據盧本及下文改。

❸「博」，原作「傳」，今據盧本改。

士，不可求人爲妾何？士即尊之漸，賢不止於士，妾雖賢，不得爲適。

娶妻卜之何？卜女之德，知相宜否。《昏禮》經曰「將加諸卜，敢問女爲誰氏」也。

人君及宗子無父母，❶自定娶者，卑不主尊，賤不主貴，故自定之也。《昏禮》經曰：「親皆没，己躬命之。」❷《詩》云：「文定厥祥，親迎于渭。」

大夫功成封，得備八妾者，重國廣繼嗣也。不更聘大國者，不忘本適也。故《禮》曰：納女於諸侯曰「備掃灑」。天子、諸侯之世子，皆以諸侯禮娶，與君同，示無再娶之義也。

王者之娶，必先選于大國之女，禮儀備，所見多。《詩》云：「大邦有子，俔天之妹。文定厥祥，親迎于渭。」明王者必娶大國也。《春秋》曰：「紀侯來朝。」紀子以嫁女於天子，故增爵稱侯。至數十年之間，紀侯無他功，但以子爲天王后，故爵稱侯。知雖小國者，必封以大國，明其尊所不臣也。王者娶及庶人者何？❸開天下之賢，示不遺善也。故《春秋》曰「紀侯來朝」，文加爲侯，❹明封之也。先封之，明不與聖人交禮也。❺女行虧缺而去其國，如之何？以封爲諸侯比例矣。

---

❶「無」，原脱，今據盧本補。

❷「躬」，原作「聘」，今據盧本及《儀禮》改。

❸「人」，盧本作「邦」，當是。

❹「文」，原作「交」，今據小字本、盧本改。

❺「聖人」，盧本作「庶邦」，當是。

諸侯所以不得自娶國中何？❶ 諸侯不得專封，義不可臣其父母。《春秋傳》曰：「宋三代無大夫，惡其内娶也。」

不娶同姓者，重人倫，防淫泆，恥與禽獸同也。《論語》曰：「君娶於吴，爲同姓，謂之吴孟子。」《曲禮》曰：「買妾不知姓，則卜之。」外屬小功已上，亦不得娶也。以《春秋傳》曰「譏娶母黨」也。

王者嫁女，必使同姓諸侯主之何？ 婚禮貴和，不可相答，爲傷君臣之義，亦欲使女不以天子尊乘諸侯也。《春秋傳》曰：「天子嫁女于諸侯，必使諸侯同姓者主之。諸侯嫁女于大夫，使大夫同姓者主之。」以其同宗共祖，❷可以主親也，故使攝父事。不使同姓卿主之何？ 尊加諸侯，爲威厭不得舒也。不使同姓諸侯就京師主之何？ 諸侯親迎入京師，當朝天子，爲禮不兼。《春秋傳》曰「築王姬觀于外」，明不往京師也。所以必更築觀者何？ 尊之也。不於路寢，路寢本所以行政處，非婦人之居也。小寢則嫌群公之舍，則已卑矣。故必改築於城郭之内。《傳》曰：「築之，禮也；于外，非禮也。」

卿大夫一妻二妾者何？❸ 尊賢重繼嗣也。不備姪娣何？ 北面之臣賤，不足盡執人骨肉之親。《禮·

---

❶ 「娶」，原作「趣」，今據盧本及下文改。
❷ 「以」上，盧本有「必使同姓者」五字。
❸ 「一」，原脱，今據盧本補。

服》經曰「貴臣貴妾」，明有卑賤妾也。士一妻一妾何？❶下卿大夫。《禮·喪服小記》曰：「士妾有子，則爲之緦。」

娉嫡未往而死，❷媵當往否乎？人君不再娶之義也。天命不可保，故一娶九女，以《春秋》「伯姬卒」，時娣季姬更嫁鄫，《春秋》譏之。適夫人死後，更立夫人者，不敢以卑賤承宗廟。自立其娣者，尊大國也。《春秋傳》曰：「叔姬歸于紀。」叔姬者，伯姬之娣也。伯姬卒，叔姬升于嫡，經不譏也。或曰：嫡死不復更立，明嫡無二，防篡煞也。祭宗廟，攝而已。以禮不聘爲妾，明不升。

《曾子問》曰：「昏禮：既納幣，有吉日，女之父母死，何如？孔子曰：『壻使人吊之。如壻之父母死，女亦使人吊之。父喪稱父，母喪稱母，父母不在，則稱伯父世尊。❸壻已葬，壻之伯父、叔父使人致命女氏曰：某子有父母之喪，不得嗣爲兄弟，使某致命。❹女氏許諾，不敢嫁，禮也。壻免喪，女父使人請，壻不娶而後嫁之，禮也。女之父母死，壻亦如之。』」

婦人所以有師何？學事人之道也。《詩》云：「言告師氏，言告言歸。」《禮·昏》經曰：「告于公宮三

---

❶「一妾」，原脱，今據盧本及下文補。
❷「未」，原作「夫」，今據小字本、盧本改。
❸「尊」，小字本、盧本作「母」。
❹「某」，原作「母」，今據盧本改。

月。」婦人學一時，足以成矣。與君無親者，各教於宗廟婦之室。❶國君取大夫之妾、士之妻老無子者而明於婦道又祿之，使教宗室五屬之女。大夫、士皆有宗族，自於宗子之室學事人也。女必有傅姆何？尊之也。《春秋傳》曰：「傅至矣，姆未至。」

婦人學事舅姑，不學事夫者，❷示婦與夫一體也。《禮·内則》曰：「妾事夫人，如事舅姑，尊嫡絶妬嫉之原。」《禮·服傳》曰「妾事女君與事舅姑同」也。婦事夫，有四禮焉。雞初鳴，咸盥漱，櫛縰笄總而朝，君臣之道也。惻隱之恩，父子之道也。會計有無，兄弟之道也。閨閫之内，❸衽席之上，朋友之道也。聞見異辭，故設此也。

有五不娶。亂家之子不娶，逆家之子、世有刑人、惡疾、喪婦長子，此不娶也。

出婦之義必送之，接以賓客之禮，君子絶愈于小人之交。《詩》云「薄送我畿」。

天子妃謂之后何？后，君也。天下尊之，故謂之后。明海内小人之君子也。❹天下尊之，故繫王言之。《春秋傳》曰：「迎王后于紀。」國君之妻，稱之曰夫人何？明當扶進夫人，謂八妾也。國人尊之，故稱

---

❶「婦」上，盧本有「宗」字。

❷「夫」，原作「必父母」，今據盧本改。

❸「閫」，原作「閶」，今據小字本、盧本改。

❹此句，盧本作「明配至尊，爲海内小君」，當是。「子」，小字本無此字。

君夫人也。自稱小童者，謙也。言己智能寡少，如童蒙也。《論語》曰：「國君之妻，稱之曰夫人，夫人自稱曰小童，國人稱之曰君夫人，稱諸異邦曰寡小君。」謂聘問兄弟之國及臣他國稱之，謙之辭也。

妻妾者何謂？❶妻者，齊也，與夫齊體。自天子下至庶人，其義一也。妾者，接也，以時接見也。

嫁娶者，何謂也？嫁者，家也。婦人外成，以出適人爲嫁。娶者，取也。男女，謂男者，任也，任功業也；女者，如也，從如人也。在家從父母，既嫁從夫，夫没從子也。《傳》曰「婦人有三從之義」也。夫婦者，何謂也？夫者，扶也，扶以人道者也；婦者，服也，服於家事，事人者也。配疋者何謂？相與偶也。婚姻者，何謂也？昏時行禮，故謂之婚也；婦人因夫而成，故曰姻。《詩》云「不惟舊因」，謂夫也。又曰「燕爾新婚」，謂婦也。所以昏時行禮何？示陽下陰也。婚亦陰陽交時也。

男子六十閉房何？所以輔衰也，故重性命也。又曰：「父子不同椸。」❷爲亂長幼之序也。《禮·内則》曰：「妾雖老，未滿五十，必預五日之御。」滿五十不御，俱爲助衰也。至七十大衰，食非肉不飽，寢非人不暖，故七十復開房也。

---

❶「妾」字，原脱，今據盧本及下文補。

❷「椸」，盧本作「榹」。

# 白虎通德論卷第十

臣班固纂集

## 紼冕

紼者，何謂也？紼者，蔽也，行以蔽前。紼蔽者，小有事，因以別尊卑，彰有德也。天子朱紼，諸侯赤紼。《詩》云：「朱紼斯皇，室家君王。」又：「赤紼金舄，會同有繹。」又云：「赤紼在股。」皆謂諸侯也。《書》曰：「黼黻衣黄朱紼。」亦謂諸侯也。並見衣服之制。故遠別之謂黄朱亦赤矣。大夫怱衡，別於君矣。天子大夫赤紱怱衡，士韎韐。朱赤者，或盛色也。是以聖人塗法之用爲紼服，❶爲百王不易也。紼以韋爲之者，反古不忘本也。上廣一尺，下廣二尺，天一地二也；長三尺，法天地人也。

所以有冠者，帣也，所以帣持其髮也。人懷五常，莫不貴德，示成禮，有修飾，❷首別成人也。《士冠》經曰：「冠而字之，敬其名也。」《論語》曰：「冠者五六人，童子六七人。」禮所以十九見正者而冠何？漸三十之

---

❶「塗」，盧本無此字。

❷「修飾」下，盧本補「文章故制冠以飾」七字。

人耳。男子陽也，成於陰，故二十而冠。《曲禮》曰：「二十弱冠。」言「見正」。何以知不謂正月也？以《禮·士冠》經曰「夏葛屨，冬皮屨」，明非歲之正月也。

皮弁者，何謂也？所以法古至質冠名也。弁之言樊也，所以樊持其髮也。上古之時質，先加服皮以鹿皮者，取其文章也。《禮》曰：「三王共皮弁素積。」裳也，❶腰中辟積，至質不易之服，反古不忘本也。戰伐田獵，此皆服之。

麻冕者何？周宗廟之冠也。《禮》曰：「周冕而祭。」又曰：「殷冔、夏收而祭。」此三代宗廟之冠也。十一月之時，陽氣冕仰黄泉之下，❷萬物被施，前冕而後仰，故謂之冕。謂之詡者，❸十二月之時，施氣受化詡張，而後得牙，故謂之詡。謂之收者，十三月之時，氣收本，舉生萬物而達出之，故謂之收。冕仰不同，故前後乖也。詡張故萌大，時物亦牙萌大也。收而達，故前兊，大者在後，時物亦前兊也。冕所以用麻爲之者，女功之始，亦不忘本也。即不忘本，不用皮。皮乃太古未有禮文之服。故《論語》曰：「麻冕，禮也。」《尚書》：「王麻冕。」冕所以前後邃延者何？示進賢退不能也。垂旒者，示不視邪，❹纊塞耳，示不聽讒也。故

---

❶「裳也」上，盧本有「素積者，積素以爲」七字。

❷「冕」，盧本作「俛」，下「前冕」、「冕仰」同。

❸「詡」，盧本作「冔」，下「謂之詡」同。

❹「視」，原作「現」，今據小字本、盧本改。

水清無魚，人察無徒，明不尚極知下。故《禮·玉藻》曰：「十有二旒，❶前後遂延。」《禮器》曰：「天子麻冕朱緑藻，垂十有二旒者，法四時十二月也。諸侯九旒，大夫七旒，士爵弁無旒。」

委皃者，何謂也？周朝廷理政事、行道德之冠名。《士冠》經曰：「委皃，周道；章甫，殷道；毋追，夏后氏之道。」所以謂之委皃何？周統十一月爲正，萬物萌小，故爲冠飾最小，故曰委貌。委貌者，委曲有貌也。殷統十二月爲正，其飾微大，故曰章甫。章甫者，尚未與極其本相當也。夏者統十三月爲正，其飾最大，故曰毋追。毋追者，言其追大也。

爵弁者，周人宗廟之冠也。《禮·郊特牲》曰「周弁」。《士冠》經曰：「周弁，殷冔，夏收。」爵何以知指謂其色？又乍言爵弁，乍但言弁，周之冠色所以爵何？爲周尚赤，所以不純赤。但如爵頭何？以本制冠者法天，天色玄者不失其質，故周加赤，殷加白，夏之冠色純玄。何以知殷加白也？周加赤，知殷加白也。夏、殷士冠不異何？古質也。以《士冠禮》知之。

## 喪服

諸侯爲天子斬衰三年何？「普天之下，莫非王土，率土之賓，莫非王臣。」臣之於君，猶子之於父，明至

---

❶「十」上，盧本有「天子玉藻」四字。

尊臣子之義也。《喪服》經曰：「諸侯爲天子斬衰三年。」天子爲諸侯絶朞何？❶示同愛百姓，明不獨親也。❷故《禮·中庸》曰：「朞之喪達乎大夫，❸三年之喪達乎天子。」卿大夫降緦，重公正也。

禮：庶人國君服齊衰三月。王者崩，京師之民喪三月何？民賤，故思淺，❹故三月而已。天子七月而葬，諸侯五月而葬者，則民始哭素服，先葬三月成齊衰，朞月以成禮葬君也。禮不下庶人，所以爲民制服何？❺禮不下庶人者，尊卑制度也。服者恩從内發，故爲之制也。

王者崩，臣下服之有先後何？恩有深淺遠近，故制有日月。《檀弓》記曰：「天子崩，三日祝先服，五日官長服，七日國中男女服，三月天下服。」

三年之喪何二十五月？以爲古民質，痛於死者，不封不樹，喪期無數，亡之則除。後代聖人，因天地萬物有終始，而爲之制，以朞斷之。父至尊，母至親，故爲加隆，❻以盡孝子恩。恩愛至深，加之則倍，故再朞二十五月也。禮有取於三，故謂之三年。緣其漸三年之氣也，故《春秋傳》曰「三年之喪，其實二十五月」也。

---

❶「朞」，原作「其」，今據盧本及《儀禮》改。
❷「親」下，盧本有「其親」二字。
❸「大夫」，原作「諸侯」，今據盧本及《禮記》改。
❹「思」，盧本作「恩」。
❺「服」，原脱，今據盧本補。
❻「加」，原作「於」，今據小字本、盧本改。

三年之喪不以閏月數何？以其言朞也。朞者，復其時也。大功已下月數，故以閏月除。《禮·士虞》經曰：「言朞而小祥。」「又朞而大祥。」

喪禮必制衰麻何？以副意也。服以飾情，情貌相配，中外相應。故吉凶不同服，歌哭不同聲，所以表中誠也。布衰裳，麻絰，蕭笄，❶繩纓，苴杖，爲略及本。❷絰者，亦示也，故總而載之，示有喪也。腰絰者，以代紳帶也。❸所以結之何？思慕腸若結也。必再結之何？明思慕無已。

所以必杖者，孝子失親，悲哀哭泣，三日不食，身體羸病，❹故杖以扶身，明不以死傷生也。禮：童子婦人不杖者，以其不能病也。《禮》曰：「斬衰三日不食，齊衰二日不食，❺大功一日不食，小功、緦麻一日不食，再不食可也。」❻以竹何？❼取其名也。竹者，蹙也；桐者，痛也。父以竹，母以桐何？竹者，陽也；桐者，陰也。竹何以爲陽？竹斷而用之，質，故爲陽。桐削而用之，加人功，文，故爲陰也。故《禮》曰：「苴杖，竹

---

❶「蕭」，盧本作「箭」。

❷「及」，原作「反」，今據小字本、盧本改。

❸「代」，原作「伐」，今據小字本、盧本改。

❹「羸」，原作「嬴」，今據小字本、盧本改。

❺「齊」，原作「齎」，今據小字本、盧本及《禮記》改。

❻下「一日」至「可也」，小字本作「一不食，再不食可也」，盧本作「一日不再食可也」。

❼「以竹何」，小字本作「以竹杖何」，盧本作「所以杖竹桐何」。

也。削杖，桐也。」

所以必居倚廬何？孝子哀，不欲聞人之聲，又不欲居故處，居中門之外，倚木爲廬，質反古也。不在門外何？戒不虞故也。故《禮・間傳》曰：❶「父母之葬，居倚廬。」於中門外東牆下，户北面。練而居堊室，無飾之室。❷又曰：「婦人不居倚廬。」又曰：「天子七日。」又曰：「公諸侯五日，卿大夫三日而服成。」居外門内東壁下爲廬。❸寢苫塊，哭晝夜無時，❹不脱絰帶。既虞，寢有席，蔬食飲水，朝一哭，夕一哭而已。既練，舍外寢，居堊室，始食菜果，反素食，❺哭無時。二十五月而大祥，飲醴酒，食乾肉。二十七月而禫，通祭宗廟，去喪之殺也。

喪禮不言者何？思慕盡情也。言不文者，指謂士民。不言而事成者，國君卿大夫杖而謝賓。財少恃力，面垢作身，不言而事具者，故號哭盡情。

喪有病，得飲酒食肉何？所以輔人生己，重先祖遺支體也。故《曲禮》曰：「居喪之禮，頭有瘡則沐，身

❶「間傳」，原作「大傳」，今據盧本及《禮記》改。
❷「飾」，原作「餘」，今據盧本改。
❸「東」，原作「赤」，今據盧本改。
❹「夜無」，原倒，今據《儀禮・喪服》乙正。
❺「反」，原作「及」，今據盧本改。

有瘍則浴，有疾則飲酒食肉。」五十不致毀，七十唯衰麻在身，❶飲酒食肉。又曰：「父母有疾，食肉不至變味，飲酒不至變皃。笑不至矧，怒不至詈，琴瑟不御。」《曾子問》曰：「三年之喪，練不群立，不旅行。禮以飾情，三年之喪而吊哭，不亦虛乎！」《禮・檀弓》曰：「曾子有母之喪，弔子張。」子張者，朋友，有服，雖重服，吊之可也。《曾子問》曰：「『小功可以與祭乎？』孔子曰：『斬衰已下與祭，禮也。』」此謂君喪然也。子夏問：「三年之喪，既卒哭，金革之事無避者，禮與？」孔子曰：「吾聞諸老聃曰：『魯公伯禽則有爲之也。』今以三年之喪從其利者，吾不知也。」

婦人不出境吊者，婦人無外事，防淫佚也。《禮・雜記》曰：「婦人越疆而吊，❷非禮也。而有三年喪，君與夫人俱往。」禮：妻爲父母服，夫亦當服。

有不吊三何？爲人臣子，常懷恐懼，深思遠慮，志在全身。今乃畏、厭、溺死，用爲不義，故不吊也。《檀弓》曰「不吊三：畏、厭、溺」也。畏者，兵死也。《禮・曾子》記曰「大辱加於身，❸支體毀傷，即君不臣，士不交，祭不得爲昭穆之尸，食不得昭穆之牲，❹死不得葬昭穆之域」也。❺

---

❶「七十」上，盧本補「六十不毀」四字。

❷「疆」，原作「彊」，今據盧本及《禮記》改。

❸「曾」，原作「魯」，今據小字本、盧本改。

❹「得」下，盧本校云「闕一字」，當是。

❺「昭」，原脱，「域」，原作「城」，今據小字本、盧本補、改。

弟子爲師服者，弟子有君臣、父子、朋友之道也。❶故生則尊敬而親之，死則哀痛之，恩深義重，故爲之隆服，入則絰，出則否。《檀弓》曰「昔夫子之喪顔回，若喪子而無服。喪子路亦然。請喪天子若喪父而無服」也。

《曾子問》曰：「『君薨既殯，而臣有父母之喪，則如之何？』孔子曰：『歸居于家，有殷事則之君所，朝夕否。』曰：『君既斂，而臣有父母之喪，則如之何？』孔子曰：『歸殯，哭，而反于君。殷事則歸，朝夕否。大夫室老行事，士則子孫行事。夫内子有殷事，則亦如之君所，朝夕否。』」諸侯有親喪，聞天子崩，奔喪者何？屈己，親親猶尊尊之義也。《春秋傳》曰：「天子記崩不記葬者，必其時葬也。諸侯記葬，不必有時。」諸侯爲有天子喪奔，❷不得必以其時葬也。大夫使受命而出，聞父母之喪，非君命不反者，蓋重君也。故《春秋傳》曰：「大夫以君命出，聞喪，徐行不反。」諸侯朝，而有私喪得還何？凶服不入公門。君不呼之義也。凶服不敢入公門者，明尊朝廷，吉凶不相干。故《周官》曰：「凶服不入公門。」《曲禮》曰：「居喪不言樂，祭事不言凶，公庭不言婦女。」《論語》曰：「子於是日哭，則不歌。」臣下有大喪，不呼其門者，使得終其孝道，成其大禮。《春秋傳》曰：「古者臣有大喪，君三年不呼其門。」

---

❶「君臣」，原倒，今據小字本、盧本乙正。

❷「奔」上，小字本、盧本有「尚」字。

聞哀，❶哭而後行何？盡哀舒憤然後行。望國境則哭，過市朝則否。君子自抑，小人勉以及禮。見星則止，日行百里，惻怛之心，但欲見尸柩汲汲故。《禮·奔喪》：「以哭答使者，盡哀。問故，遂行。」曾子曰：「師三十里者，吉行五十里，❷奔喪百里。」既除喪，乃歸哭於墓何？明死者不可見，痛傷之至也。謂喪不得追服者也，哭於墓而已。故《禮·奔喪》記曰：「之墓，西向哭止。」此謂遠出歸，後葬，喪服以禮除。

曾子與客立於門，其徒趨而出。曾子曰：「爾將何之？」曰：「吾父死，將出哭於巷。」曾子曰：「反哭於爾次。」曾子北面而吊焉。《檀弓》記曰：「孔子曰：『吾惡乎哭諸？兄弟，吾哭諸廟門之外；師，吾哭諸寢；朋友，吾哭諸寢門外；所知，吾哭諸野。』」

養從生，葬從死。周公以王禮葬何？以爲周公踐祚理政，與天同志，展興周道，❸顯天度數，萬物咸得，休氣允塞，❹原天之意，予愛周公，❺與文、武無異，故以王禮葬，使得郊祭。《尚書》曰「今天動威以彰周公之德」，下言「禮亦宜之」。

---

❶「哀」，盧本作「喪」。

❷「吉」，原脱，今據盧本補。

❸「興」，原作「與」，今據小字本、盧本改。

❹「塞」，原作「寒」，今據小字本、盧本改。

❺「予」，小字本、盧本作「子」。

## 崩薨

《書》曰：「成王崩。」天子稱崩何？別尊卑，異生死也。天子曰崩，大尊像。崩之爲言崩伏强，天下撫擊失神明，黎庶殞涕，海内悲凉。諸侯曰薨。國失陽，薨之言奄也，奄然亡也。大夫曰卒，精熠終卒。卒之爲言終於國也。士曰不禄，失其忠節，不終君之禄。❶禄之言消也，身消名彰。庶人曰死，魂去亡。死之爲言澌，精氣窮也。崩薨紀於國何？以爲有尊卑之禮，謚號之制即有矣。禮始於黄帝，至堯、舜而備。《易》言没者，❷據遠也；❸《書》「殂落」，死者矣。各自見義。堯皆憯痛之，舜見終，各一也。

喪者，何謂也？喪者，亡。人死謂之喪，言其亡不可復得見也。不直言喪何？爲孝子心不忍言。《尚書》曰：「武王既喪。」喪終曰死，❹爲適室。知據死者稱喪也。生者喪痛之亦稱喪。《禮》曰：「喪服斬衰。」《易》曰：「不封不樹，喪期無數。」《孝經》曰：「孝子之喪親也，是施生者也。」天子下至庶人，俱言喪何？欲言身體髮膚俱受之父母，其痛一也。

---

❶「不」下，原衍「忠」字，今據小字本、盧本删。「禄」，原作「緑」，今據小字本、盧本改。下同。
❷「没」，原作「復」，今據盧本改。
❸「遠」，原作「遂」，今據盧本改。
❹「喪終曰死爲適室」，盧本作「喪禮經曰死於適室」。

天子崩，訃告諸侯何？緣臣子喪君，哀痛憤懣，無能不告語人者也。諸侯欲聞之，又當持土地所出以供喪事。故《禮》曰：「天子崩，遣使者訃諸侯。」

王者崩，諸侯悉奔喪何？臣子悲哀慟怛，莫不欲觀君父之棺柩，盡悲哀者也。又爲天子守蕃，不可頓空也。故分爲三部，有始死先奔者，有得中來盡其哀者，有得會喪奉送君者。七月之間，諸侯有在京師親供臣子之事者也，號泣悲哀奔走道路者，有居其國哭痛思慕，竭盡所供以助喪事者。是四海之内咸悲，臣下若喪考妣之義也。葬有會者，親疎遠近盡至，親親之義也。童子諸侯不朝而來奔喪者何？❶明臣子於其君父非有老少也。亦因喪質，無般旋之禮，但盡悲哀而已。

臣死，亦赴告於君何？此君哀痛於臣子也，欲聞之，加賻賵之禮。故《春秋》曰「蔡侯考父卒」，《傳》曰：「卒，赴而葬，禮也。」❷

諸侯薨，赴告隣國何？緣隣國欲有禮也。《春秋傳》曰：「桓母喪，告於諸侯。」桓母賤，尚告於諸侯，諸侯薨，告隣國明矣。

諸侯夫人薨，告天子者，不敢自廢政事，天子亦欲知之，當有禮也。《春秋》曰「天子使宰咺來歸惠公、仲

---

❶「子」，原脱，今據小字本、盧本補。

❷「禮也」，盧本作「不告」。

子之賵」，❶譏不及事。仲子者，魯君之貴妾也，何况於夫人乎？

諸侯薨，使臣歸瑞珪於天子何？諸侯以瑞珪爲信，今死矣，嗣子諒闇三年之後，當乃更爵命，故歸之，推讓之義也。《禮》曰：「諸侯薨，使臣歸瑞珪於天子。」

天子聞諸侯薨，哭之何？慘怛發中，哀痛之至也。使大夫吊之，追遠重終之義也。故《禮·檀弓》曰：「天子哭諸侯，爵弁純衣。」又曰：「遣大夫吊，詞曰：『皇天降災，子遭離之難。嗚呼哀哉，大王使臣某吊。』」

臣子死，君往吊之何？親與之共治民，恩深義重厚，欲躬見之。故《禮·雜記》曰：君吊臣，主人待于門外，見馬首不哭。君至，主人先入，君升自阼階，西向哭。主人居中庭，❷從哭。或曰：大夫疾，君問之無數。士疾，一問之而。❸大夫卒，比葬不食肉，比卒哭不舉樂。士比殯不舉樂。玄冠不以吊者，不以吉服臨人凶，示助哀也。《論語》曰：「羔裘玄冠不以吊。」

崩薨三日乃小斂何？奪孝子之恩以漸也。一日之時，屬纊於口上，以候絶氣。二日之時，尚冀其生。三日之時，魂氣不還，終不可奈何。故《禮·士喪》經曰：「御者四人皆坐，持禮屬纊，以候絶氣。」《禮》曰：「天子、諸侯三日小斂，大夫、士二日小斂。」屬纊於口者，孝子欲生其親也。人死必沐浴於中霤何？示潔浄

---

❶「咺」，原作「喧」，今據盧本改。
❷「主」，原作「王」，今據小字本、盧本改。
❸「一」，原作「二」，今據小字本、盧本改。

反本也。《禮·檀弓》曰："死於牖下，沐浴於中霤，飯唅於牖下，小斂於户内，大斂於阼階，殯於客位，祖於庭，葬於墓。所以即遠。"奪孝子之恩以漸也。所以有飯唅何？緣生食，今死，不欲虚其口，故唅。用珠寶物何也？有益死者形體。故天子飯以玉，諸侯以珠，大夫以米，❶士以貝也。

贈襚，何謂也？贈之爲言稱也，玩好曰贈。襚之爲言遺也，衣被曰襚。❷知死者則贈襚，所以助生送死，追恩重終，副至意也。贈賵者，❸何謂也？贈者，❹助也，所以相佐給不足也。故吊辭曰："知生則賻。"貨財曰賻，車馬曰賵。

天子七日而殯，諸侯五日而殯，事有小大，所供者不等。故《王制》曰："天子七日而殯，諸侯五日而殯，卿大夫三日而殯。"

夏后氏殯於阼階，殷人殯於兩楹之間，周人殯於西階之上何？夏后氏教以忠，忠者，厚也。曰：生吾親也，死亦吾親也。主人宜在阼。殷人教以敬，曰：死者將去，又不敢容也。故置之兩楹之間，賓主共夾而敬之。❺周人教以文，曰：死者將去，不可又得，故賓客之也。《檀弓》記曰："夏后氏殯於阼階，殷人殯於兩

---

❶ "米"，盧本作"璧"。

❷ "曰"，原重，今據小字本、盧本删。

❸ "贈"，盧本作"賻"。

❹ "贈者助也"，盧本作"賻者，助也；賵者，覆也"。

❺ "賓主"，原作"周人"，今據小字本、盧本改。

楹之間，周人殯於西階。」

《稽命徵》曰：「天子舟車殯何？爲避水火災也。故棺在車上，車在舟中。」臣子更執紼，晝夜常百二十二人。❶紼者，所以掌持棺也。故《禮》曰：「天子舟車殯，諸侯車殯，大夫倚塗，❷士瘞，尊卑之差也。」

祖於庭何？盡孝子之恩也。祖者，始也，始載於庭也。乘軸車辭祖禰，故名爲「祖載」也。《禮》曰：「祖於庭，葬於墓。」又曰：「適祖昇自西階。」

所以有棺槨何？所以掩藏形惡也。不欲令孝子見其毀壞也。棺之爲言之完，❸所以藏尸令完全也。槨之爲言廓，所以開廓辟土，無令迫棺也。《禮·王制》曰：「天子棺槨九重，衣衾百二十稱。于領大度，曰公侯五重，衣衾九十稱，士再重。」《禮》曰：「大夫有大棺三重，衣衾五十稱。士無大棺，二重，衣衾三十稱。單袷備爲一稱。」《禮·檀弓》曰：「天子棺四重，水光草棺被之，❹其厚三寸，地棺一，❺梓棺二，柏椁以端長六尺。」有虞氏瓦棺，今以木何？虞尚質，故用瓦。夏后氏益文，故易之以堲周。謂堲木相周，無膠漆之用

---

❶「百二十二」，盧本作「千二百」。
❷「倚」，盧本作「欑」。
❸「完」，原作「皃」，今據盧本改。下同。
❹「光草」，盧本及《禮記》作「兕革」。
❺「地」，盧本作「杝」。

也。❶殷人棺椁，有膠漆之用。周人浸文，牆置翣，加巧飾。喪葬之禮，緣生以事死，生時無，死亦不敢造。太古之時，穴居野處，衣皮帶革，❷故死衣之以薪，内藏不飾。中古之時，有宫室衣服，故衣之幣帛，藏以棺椁，封樹識表，體以象生。夏、殷彌文，齊之以器械。至周大文，緣夫婦生時同室，死同葬之。

尸柩者，何謂也？尸之爲言失也，陳也。失氣亡神，形體獨陳。柩之爲言究也，久也，不復章也。❸《曲禮》曰：「在床曰尸，在棺曰柩。」

崩薨别號，至墓同，何也？時臣子藏其君父，安厝之義，❹貴賤同。葬之爲言下藏之也，所以入地何？人時於陰，含陽光，死始入地，歸所與也。天子七月而葬，諸侯五月而葬何？尊卑有差也。天子七月而葬，同軌必至。諸侯五月而葬，同會必至。所以慎終重喪也。

《禮》曰：「家人奉圖，先君之葬，君居以中，昭穆爲左右，群臣從葬，以貴賤序。」

合葬者，所以固夫婦之道也。故《詩》曰：「穀則異室，死則同穴。」又《禮·檀弓》曰：「合葬，非古也。自周公已來，未之有改也。」

---

❶「用」，原作「周」，今據小字本、盧本改。

❷「衣」，原作「夜」，今據小字本、盧本改。

❸「章」，盧本作「變」。

❹「厝」，原作「曆」，今據小字本、盧本改。

葬於城郭外何？死生別處，終始異居。《易》曰：「葬之中野。」所以絶孝子之思慕也。《傳》曰：「作樂於廟，不聞於墓。哭泣於墓，不聞於廟。」所以於北方何？就陰也。《檀弓》曰：「孔子卒，所以受魯君之璜玉，葬魯城北。」又曰：「於邑北北首，三代之達禮也。」

封樹者，所以爲識。故《檀弓》曰：「古也墓而不墳。今丘也，東西南北之人也，不可以不識也，於是封之，崇四尺。」❶《春秋含文嘉》曰：「天子墳高三仞，樹以松。諸侯半之，樹以栢。大夫八尺，樹以欒。士四尺，樹以槐。庶人無墳，樹以楊柳。」

---

❶「四」，原作「曰」，今據小字本、盧本改。

## 《儒藏》精華編選刊即出書目（二〇二三）

白虎通德論
誠齋集
春秋本義
春秋集傳大全
春秋左氏傳賈服注輯述
春秋左氏傳舊注疏證
春秋左傳讀
道南源委
桴亭先生文集
復初齋文集
廣雅疏證
龜山先生語録
郭店楚墓竹簡十二種校釋
國語正義
涇野先生文集
康齋先生文集
孔子家語　曾子注釋
禮書通故
論語全解
毛詩後箋
毛詩稽古編
孟子正義
孟子注疏
閩中理學淵源考
木鐘集
群經平議

三魚堂文集　外集
上海博物館藏楚竹書十九種校釋
尚書集注音疏
詩本義
詩經世本古義
詩毛氏傳疏
詩三家義集疏
書疑　東坡書傳　尚書表注
書傳大全
四書集編
四書蒙引
四書纂疏
宋名臣言行録
孫明復先生小集　春秋尊王發微
文定集

---

五峰集　胡子知言
小學集註
孝經注解　温公易説　司馬氏書儀　家範
琴經室集
伊川擊壤集
儀禮圖
儀禮章句
易漢學
游定夫先生集
御選明臣奏議
周易口義　洪範口義
周易姚氏學